# 中国語 I（'23）

—夏日漫歩東京—

中国語Ⅰ('23)



装丁デザイン：牧野剛士
本文デザイン：畑中　猛

o-26

# まえがき

このテキストの目標は，初級中国語で必要とされる発音・文法事項を一通り学習するとともに，一定程度の語彙を習得することにあります。その意味では市販されている他の中国語教科書と，基本的に目指すところは同じです。ただし，一見してお分かりのように，他の教科書とはいささか趣を異にする点もあります。

その一つは，各課のスキットにおいて，拼音と漢字（簡体字）を完全に分けて表記していることです。ご存じの方もいらっしゃると思いますが，中国語のアルファベット式表記法である拼音は，本来は漢字の将来的な廃止を見据えて制定されたものです。したがって，いわゆるルビや発音記号とは異なり，それだけで中国語の文章を完全に綴ることのできるものとして設計されています。この拼音は現在ではルビのように用いられることも多いのですが，このテキストでは本来の使用法に合わせて漢字とは独立したものとして扱いました。これは中国語を学ぶ際の基本的な態度として，他の外国語を学ぶ時がそうであるように，まずは発音をしっかりと習得し，その上で文法や語彙の習得へと進んでいただきたいという著者の希望を表しています。言語は一義的には音声によって存在しています。したがって外国語を学ぶ場合でも，音声として学習者の頭の中に蓄えられた情報が決定的に重要な意味を持つでしょうし，それは中国語でも同じであるはずです。

もう一つは，学習を進める上で文法上の見通しを常に意識していただきたいという思いから，関連する文法項目をできるだけ一つの課にまとめたことです。学校文法のレベルにおいて，中国語には文法規則と呼べるものがきわめて少なく，その点で日本語や英語とは際だった違いがあります。そのことは中国語を学びやすくしている側面もありますが，その一方で，文法を体系的に捉えることを難しくしています。もちろん本書は文法体系の総体を提示することを目的とするものではありませんが，これもまた他の外国語を学ぶ時がそうであるように，中国語を学ぶ場合にも文法を体系的に捉える努力を怠るべきではないでしょう。

要は中国語を何か特殊なものと捉えるのではなく，他の外国語を学ぶ時のように中国語を学んでいただきたい，あるいは，そのような学び方を提示したいというのがこのテキストの形式に込めた私の思いです。

2023 年 3 月　　宮本　徹

**附記(1)**

本書の構成は以下の通り。

「学習のテーマ」：各課の中心的な学習内容。原則として，一つの課に一つの文法上のテーマを掲げる（但し，必要に応じてそれ以外の文法項目を「その他のポイント」として立項することがある）。なお，発音に関する説明は第1課～第5課に割り振り，これも「学習のテーマ」に含めた。

「読解のヒント」：新出語句のうち，特に注意すべきもの。簡単な説明と例文を加えた。

**附記(2)**

本書の執筆に当たっては，以下の諸書に負うところが大きい。ただし，個別の用語を直接引用した箇所を除き，語学教科書の常として，一々その出典は示さなかった。

朱徳熙著，杉村博文・木村英樹訳『文法講義――朱徳熙教授の中国語文法要説――』，1995年，東京，白帝社（原著：『語法講義』，1982年，北京，商務印書館）。

劉月華等『実用現代漢語語法（増訂本）』，2001年，北京，商務印書館。

木村英樹『中国語文法の意味とかたち――「虚」的意味の形態化と構造化に関する研究――』，2012年，東京，白帝社。

傳田章『中国語Ⅰ('01)』，2001年，東京，放送大学教育振興会。

傳田章『中国語Ⅱ('01)』，2001年，東京，放送大学教育振興会。

木村英樹・宮本徹『中国語Ⅰ('14)』，2014年，東京，放送大学教育振興会。

木村英樹・宮本徹『中国語Ⅱ('14)』，2014年，東京，放送大学教育振興会。

**附記(3)**

本書では初級中国語の授業として必要とされるほぼ一通りの文法事項を盛り込んだつもりですが，一部の項目（特に補語等）の詳しい説明は『中国語Ⅱ('23)』に回しました。皆さんには『中国語Ⅱ('23)』も併せて学習してくださるよう切に希望します。

# 目次

# 第 1 課　拍摄视频(1)

## ——「中国語」を学ぶ

Wáng Xīnxīn:　Xú Yì!

Xú Yì:　Xīnxīn!

王欣欣：徐逸！

徐　逸：欣欣！

## 語　釈

**pāishè**　**拍摄**　［動詞］写す；撮影する。

**shìpín**　**视频**　［名詞］動画；ビデオ。

1　**Wáng Xīnxīn**　**王欣欣**　［固有名詞］王欣欣。▶人名。人名をピンインで綴るときは，姓と名を分かち書きにし，それぞれを大文字で始める。

2　**Xú Yì**　**徐逸**　［固有名詞］徐逸。▶人名。

## 学習のテーマ

### Ⅰ．中国語概説

#### 1.1　普通話

中国で話される共通語としての中国語は**普通話**（“普通话 pǔtōnghuà”）と呼ばれる。“普通话”は，発音は北京語の音韻体系を，語彙は北方地域で広く流布する「官話方言」（北方方言）を，文法は近現代の言文一致体で書かれた著作をそれぞれ基準として形成された標準語である。以下本教材でいう「中国語」とは，特に断らない限り“普通话”を指す。

#### 1.2　ピンインと声調記号

漢字の表音化を目的として制定されたローマ字式綴りを**ピンイン**（“拼音 pīnyīn”）という（「漢語拼音法案」，1958年）。ピンインには**声調記号**も含まれる。ピンインは単なる発音記号（ルビ）ではなく，分かち書きを採用することによって，漢字を用いることなくアルファベットのみで中国語の文章を表記できるよう設計されたものである。

#### 1.3　簡体字

主として中国大陸で用いられる簡略化された漢字を**簡体字**（“简体字 jiǎntǐzì”）という。普通教育の普及と非識字層の減少を目的とした清末以来の漢字簡略化運動を経て，1956年，中国政府より「漢字簡化方案」として正式に公布された。その後，数度にわたる改訂を経て，現在は「通用規範漢字表」（2013年）にて規定されている。簡体字には古字・俗字・草書体等に来源をもつものも多い。

## Ⅱ．発音(1)

### 1.4　声調（*tone*）

中国語には各音節に音の高さの変動が存在する（音節音調）。これを**声調**といい，それには四つのパターンがあるため四声ともいう。

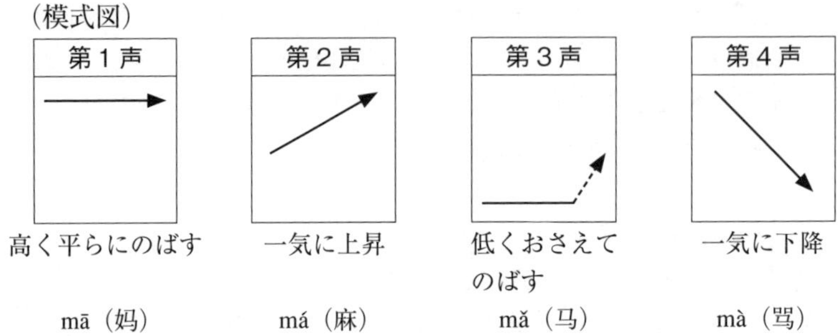


つまり現代中国語の声調は，高平(1)・低平(3)・上昇(2)・下降(4)という非常に均整のとれた体系をなす。第３声はその後ろに音の切れ目が存在する場合（文末や文中での息継ぎ），抑える力を緩めることによって自然と上昇に転じる（図中の点線部）。

なお，人間の声の高さを５段階に分けたとき，それぞれの声調の高低（調値）は以下のように記述できる。

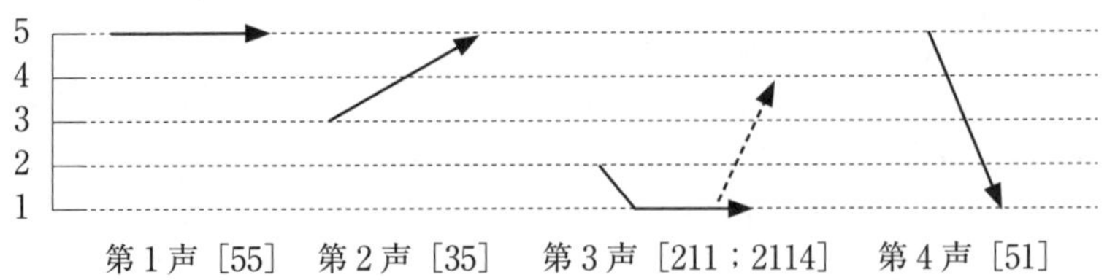

### 1.5　第3声の変調

隣接する声調が互いに影響を及ぼし合い，声調に変化が生じる場合がある。これを**連続変調**という。現代中国語では第3声が連続するとき，前の第3声が第2声に変化する。

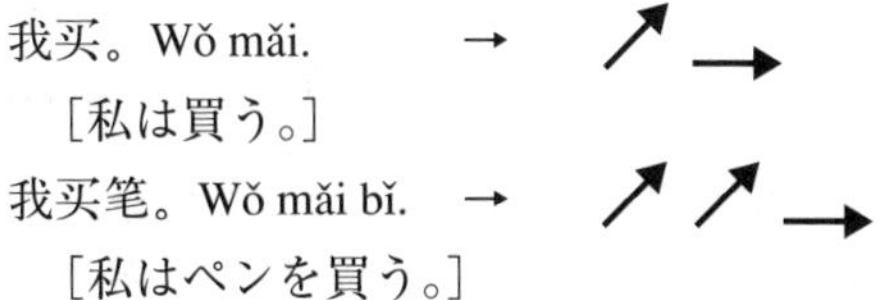

我买。Wǒ mǎi. →
[私は買う。]
我买笔。Wǒ mǎi bǐ. →
[私はペンを買う。]


ただし，声調符号は変更しない。

### 1.6　軽声の発音

音節の本来もつ声調が，特定の語彙的環境や文法的環境によって失われ，軽く・短く発音される現象を軽声という。軽声の実際の高さは，直前の強く発音される音節の高低によって決定される。

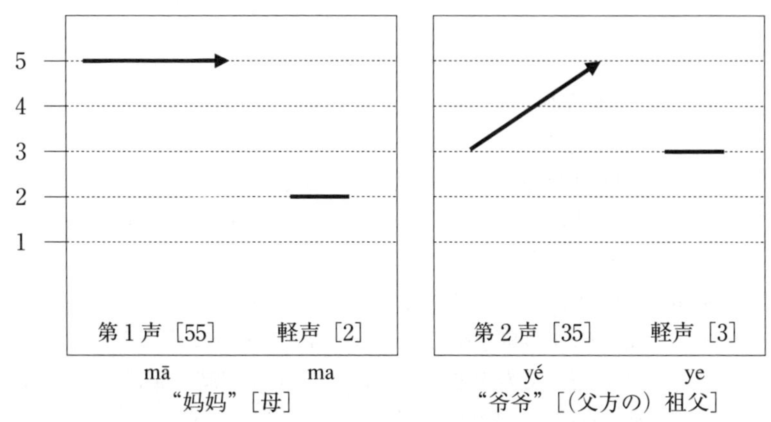

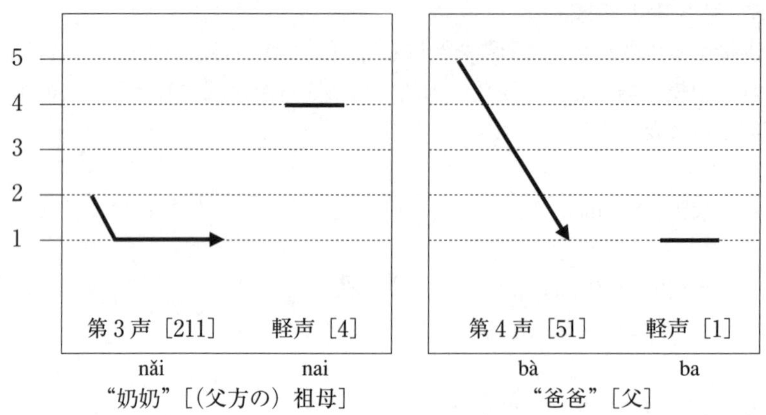


## 1.7 単母音

| a | o | e | i<br>(yi) | u<br>(wu) | ü<br>(yu) | er |
|---|---|---|---|---|---|---|

現代中国語には 7 つの単母音が存在する。

| | |
|---|---|
| a | 日本語のアよりも口を大きく開けて，明るく「アー」。[ɑ̟ː] |
| o | 唇を丸めて，ノドの奥の方から「オー」。[oː] |
| e | 口を半開きにしたまま，ノドの奥で「ウー」。[ɤː] |
| i(yi) | 子どもが「イーッだ！」と言うときのように，口を横に引いて「イー」。[iː] |
| u(wu) | 唇を丸く前につきだして「ウー」。[uː] |
| ü(yu) | 最初に i の発音をしながら，舌先が動かないよう注意しつつ唇だけを丸めたときに出る音。i と u を同時に発音する。[yː] |
| er | e を発音し，同時に舌先をそり上げる。[əˈɹː] |

※(　) 内は前に頭子音がないときの綴り方である。また,［　］は IPA（国際音声字母）による表記。

## 1.8　音節の構造

中国語の音節構造は，一般的にはIMVE/Tの形で表される。I(Initial)は頭子音（音節初頭の子音），M(Medial)は介音（母音の一種），V(Principal Vowel)は主母音（音節の中心となる母音），E(Ending)は韻尾（音節末尾の子音あるいは母音），T(Tone)は声調（音節における高低アクセント）を表す。伝統的にはIを「声母」，MVE/Tを「韻母」と呼ぶが，声調は音節全体を覆うと見なした方が適当であろうから，いまはMVEを韻母と呼ぶ。

以上を図示すれば，次のようになる。

| 音節 | | | | | |
|---|---|---|---|---|---|
| 声母(I) | 韻母 | | | 声調(T) | |
| | 介音(M) | 主母音(V) | 韻尾(E) | | |
| | | a | | 1 | → 啊 |
| t | | a | | 1 | → 他 |
| t | i | e | | 3 | → 铁 |
| t | | a | o | 2 | → 桃 |
| t | i | a | o | 4 | → 跳 |

## 【練習問題】

Ⅰ．あなたがこれから学ぶ「中国語」とはどのような言語か，その特徴について説明してみよう。

Ⅱ．現代中国語の音節構造について説明してみよう。

# 第 2 課　拍摄视频(2)——動詞述語文

| | |
|---|---|
| Xú Yì: | Xīnxīn, nǐ lái. |
| Wáng Xīnxīn: | Ng? |
| Xú Yì: | Nǐ kàn zhèi ge. |
| Wáng Xīnxīn: | O, shìpín! |

徐　逸：欣欣，你来。

王欣欣：嗯?

徐　逸：你看这个!

王欣欣：哦，视频!

## 語　釈

1 nǐ　你　［代名詞］→学習のテーマ 2.4

lái　来　［動詞］（ある場所から話し手のいる場所へ）来る；やって来る。→学習のテーマ 2.3

2 ng　嗯　［感嘆詞］（疑問の気持ちを表し）えっ；なに。▶感嘆詞は固有の声調をもたず，同一の語であってもその表す感情もしくは機能によって，異なる高低のパターンが現れる。このため本書では感嘆詞に声調記号を付さない。ただし，その意味はもちろん軽声とは異なる。

3 kàn　看　［動詞］見る。→学習のテーマ 2.3

zhèi ge　这个　→学習のテーマ 2.5

4 o　哦　［感嘆詞］（納得したり，理解したりする気持ちを表し）あっ；ああ。

## 学習のテーマ

### Ⅰ．発音(2)

#### 2.1　二重母音

| ai | ei | ao | ou | |
|---|---|---|---|---|
| ia<br>(ya) | ie<br>(ye) | ua<br>(wa) | uo<br>(wo) | üe<br>(yue) |

現代中国語には９つの二重母音が存在する。

音節の中心となる母音（主母音）をはっきりと長めに発音し，その前後の母音（介音あるいは韻尾）は軽く添えるように発音する。

主母音＋韻尾

ai　「ア」を明るくはっきり発音したあと，軽く「イ」を添える。[aĭ]

ei　i と組み合わさる場合，e は「エ」と発音する。ai と同様，軽く「イ」を添える。[eɪ]

ao　「ア」を明るくはっきり発音したあと，軽く「オ」を添える。[ɑŏ]

ou　単母音 o のあとに，軽く「ウ」を添える。[oʊ]

介音＋主母音

ia(ya)　単母音 i を軽く発音したすぐあとに，「ア」を明るくはっきりと発音する。[ia·]

ie(ye)　単母音 i を軽く発音したすぐあとに，「エ」をはっきりと発音する。[ie·]

ua(wa)　単母音 u を軽く発音したすぐあとに，「ア」をはっきりと発音する。[ŭɑ·]

uo(wo)　単母音 u を軽く発音したすぐあとに，「オ」をはっきりと発

音する。[ŭo˙]

üe(yue)　単母音 ü を軽く発音したすぐあとに,「エ」をはっきりと発音する。[yɛ˙]

※（　）内は前に頭子音がないときの綴り方である。

## 2.2　三重母音

| iao | iou | uai | uei |
|---|---|---|---|
| (yao) | (you) | (wai) | (wei) |

現代中国語には 4 つの三重母音が存在する。

iao(yao)　二重母音 ia を発音したあと，軽く「オ」を添える。[iaŏ]

iou(you)　第 1 声・第 2 声では「オ」があまり聞こえず,「イュウ」に近い（[iᵒʊ]）。これに対し，第 3 声・第 4 声では「オ」が比較的はっきり耳に響き,「ィヨウ」に近くなる（[ioʊ]）。

uai(wai)　二重母音 ua を発音したあと, 軽く「イ」を添える。「ゥアイ」に近い。[uaĭ]

uei(wei)　第 1 声・第 2 声・第 4 声では「エ」があまり聞こえず,「ウェイ」に近い（[uᵊɪ]）。これに対し，第 3 声ではあいまい母音の「ə」が比較的はっきり耳に響き，全体としては「ゥワェ」に近くなる（[ŭəĕ]）。

※(1)（　）内は前に頭子音がないときの綴り方である。

(2) 綴り方の約束として，iou と uei の前に頭子音があるときは，o と e を省略して -iu, -ui と綴る。

頭子音 + iou　→　頭子音 + iu（例：l + iou → liu）

頭子音 + uei　→　頭子音 + ui（例：g + uei → gui）

## Ⅱ. 動詞述語文

文は一般に主語と述語からなる（主述構造）。

<［主　語］+［述　語］>

通常，主語は既知の事柄であり，述語はそれに対して加えられた説明（「陳述」。なお，主語は「陳述の対象」）である。述語は主に動詞と形容詞からなる。

### 2.3 動詞述語文

述語が動詞または動詞句からなるタイプの文を「動詞述語文」という。動詞が目的語を伴う場合は，目的語は動詞の後ろに置かれる。

述 語(P)

<［主語(S)］+［動語(V)（+目的語(O)）］>

動 詞 句

我　买。
Wǒ mǎi.
［私は買う。］

我　叫　王　欣欣。
Wǒ jiào Wáng Xīnxīn.
［私は名前は王欣欣といいます。］

她 来　北京。
Tā lái Běijīng.
［彼女は北京に来る。］

看　这 个！
Kàn zhèi ge!
［これを見なさい！］

◉誤解を招く恐れがない場合，主語は述べられないことがある。

## Ⅲ. その他のポイント

### 2.4 人称代名詞

人称代名詞は下記のような体系をなす。

<table>
<tr><th></th><th>単数</th><th></th><th>複数</th></tr>
<tr><td>一人称</td><td>wǒ〔我〕</td><td>❶</td><td rowspan="3">❶＋❸ → wǒmen〔我们〕<br>❶＋❷ → zánmen〔咱们〕／ wǒmen〔我们〕<br>❷＋❸ → nǐmen〔你们〕<br>❸の複数→ tāmen〔他们・她们・它们〕</td></tr>
<tr><td>二人称</td><td>nǐ〔你〕(普通体)<br>／ nín〔您〕(尊敬体)</td><td>❷</td></tr>
<tr><td>三人称</td><td>tā〔他・她・它〕</td><td>❸</td></tr>
</table>

二人称の単数には普通体と尊敬体の区別がある。

中国語の人称代名詞には性による区別がない。三人称は“tā”という一語であり，表記の上で，“他”（男性＝[彼]），“她”（女性＝[彼女]），“它”（動物・事物＝[それ]）と書き分ける。

複数形は上表のように使い分ける。聞き手（二人称）が含まれない意味での「私たち」（❶＋❸）には“我们”を用いる（「排除形」）。一方，話し手と聞き手が含まれる意味での「私たち」（❶＋❷）には一般的に“咱们”が用いられるが（「包括形」），“我们”を“咱们”の意味で用いることもある。

◉特別な文脈では，“我”と“你”がそれぞれ拡大して「私たち」と「あなたたち」になる場合がある（例：“我们党 dǎng”［我々の党；我が党］；(教師が生徒たちに向かって)“同学们 tóngxuémen，你们好！”［みなさん，こんにちは！］)。これらはそれぞれ❶ないし❷のみの複数が想定されている。

### 2.5 指示詞(1)——“这”“那”“哪”

指示詞は日本語の「こそあど」に相当する。中国語では話し手にとって近いと感じられるものを“这”（もしくはそこから派生した形式）で，また遠いと感じられるものを“那”（同前）で表す。

“这”“那”“哪”は人や事物を指し示す指示詞である。

<table>
<tr><th colspan="2">近称</th><th colspan="2">遠称</th><th>不定称（疑問詞）</th></tr>
<tr><td colspan="2">这<br>zhè</td><td colspan="2">那<br>nà</td><td>哪<br>nǎ</td></tr>
<tr><td>コレ</td><td colspan="2">ソレ</td><td>アレ</td><td>ドレ</td></tr>
</table>

ただし，これらは常に単独で用いることができるわけではなく，一般には“这个（视频）”（「この（動画）；その（動画）」）のように＜指示詞＋量詞（＋名詞）＞の形で用いられることが多い（量詞については学習のテーマ 7.1 を参照。なお，“个 ge”は専用の量詞をもたない名詞に対して汎用される量詞。複数の場合には“个”の代わりに“些 xiē”を用いる）。

◉ただし，“这人”（「この人；その人」）のように＜指示詞＋名詞＞の形で用いられることもある。

◉“这”と“那”は単独で“是”を用いた動詞述語文の主語になることができる。
→学習のテーマ 7.6（95 頁）

◉“哪”は一般には単独では用いられず，＜“哪”＋量詞（＋名詞）＞の形で用いられる。

哪　个　人　参加　研讨会?
Něi ge rén cānjiā yántǎohuì?

［(どの人が→）誰がシンポジウムに参加しますか？］

## 【練習問題】(作文)

◎ T. は「学習のテーマ」の, また H. は「読解のヒント」の番号をそれぞれ表す。以下同じ。

Ⅰ. 動詞述語文〖T.2.3〗

① 私は本〔书 shū〕を買う。

② 彼は北京〔北京 Běijīng〕に来る。

③ 彼女はあなたを愛している〔爱 ài〕。

Ⅱ. 人称代名詞〖T.2.4〗

① 私たちはあなたを歓迎いたします〔欢迎 huānyíng〕!

② (彼は名前は徐逸という→) 彼の名前は徐逸です。

③ 私たちはこれを買いましょう〔吧 ba〕。

Ⅲ. 指示詞(1)——“这”“那”“哪”〖T.2.5〗

① (あなたたち→) 皆さん, あれを見てください!

② この村〔村子 cūnzi〕は王家村〔王家村 Wángjiā cūn〕と呼ばれます。

③ あなたはどれが欲しい〔要 yào〕ですか?

### ❖姓名の表現❖

名前を尋ねたり名乗ったりする場合には，動詞 “姓 xìng”［名字は～という］または “叫 jiào”［名前は～という］を用いる。

《姓を尋ねる／名乗る》

“她 姓 什么？” “她 姓 张。”
“Tā xìng shénme?” “Tā xìng Zhāng.”

［「彼女は名字は何といいますか？」「彼女は張といいます。」］

“您 贵姓？” “我 姓 李。”
“Nín guìxìng?” “Wǒ xìng Lǐ.”

［「あなたはご名字は何とおっしゃるのですか？」「私は李といいます。」］

◉“贵姓” は「ご名字」という意味の名詞。慣用的に尊敬を込めて聞き手の姓を尋ねる場合に用いる。

《姓名（または名）を尋ねる／名乗る》

“你 叫 什么 名字？” “我 叫 徐 逸。”
“Nǐ jiào shénme míngzi?” “Wǒ jiào Xú Yì.”

［「あなたは名前は何といいますか？」「私は徐逸といいます。」］

◉事物の名前を「～という」という場合にも “叫” を用いる。

月牙泉，　俗名 叫 “药泉”。
Yuèyáquán, súmíng jiào “Yàoquán”.

［(敦煌の) 月牙泉は，俗に「薬泉」という。］

# 第3課　拍摄视频(3)——形容詞述語文

Xú Yì: Zhèi ge shìpín hěn yǒu yìsi.

Wáng Xīnxīn: Shì a.

Xú Yì: Nèiróng yě shēn.

Wáng Xīnxīn: Zuòzhě zhēn bù róngyi!

Xú Yì: Zài kàn zhèi ge.

徐　逸：这个视频很有意思。

王欣欣：是啊。

徐　逸：内容也深。

王欣欣：作者真不容易！

徐　逸：再看这个。

## 語　釈

1 **hěn　很**　［副詞］とても；非常に。→学習のテーマ 3.2

**yǒu yìsi　有意思**　おもしろい；興味深い；意義深い；内容がある。▶慣用的表現。"意思"は「面白み」あるいは「意味；内容」という意味を表す名詞。存在動詞"有"については学習のテーマ 11.3 を参照。

2 **Shì a.　是啊。**（相手や自分のことばに相づちを打って）ええ；そうですね；そのとおりです。

3 **nèiróng　内容**　［名詞］内容；中身。

**yě　也**　［副詞］→読解のヒント 3.1

**shēn　深**　［形容詞］（意味や内容が）深い。→学習のテーマ 3.2

4 **zuòzhě　作者**　［名詞］作者；制作者。

**zhēn　真**　［副詞］確かに；本当に；まったく。

**bù　不**　［副詞］→学習のテーマ 3.3

**róngyi　容易**　［形容詞］容易である；簡単である；易しい。

5 **zài　再**　［副詞］また；もう一度；さらに。▶動作・行為や状態が繰り返されたり継続したりすることを表す。一般に実現していない動作・行為や，恒常的な動作・状態について用いる。なお，副詞の用法については学習のテーマ 14.2 も参照。

## 学習のテーマ

### Ⅰ．発音(3)

#### 3.1　子音(1)

| | | | | |
|---|---|---|---|---|
| b | p | m | f | |
| d | t | n | | l |
| g | k | | h | |

(1)　**唇を使う音**

b　日本語の「パ」行の子音に近い。「きっぱり」というときの「ぱ」の要領。[p]

p　日本語の「パ」行の子音を，息を強く出しながら発音する。口の中で息をしっかりためたあと，それを急激に破裂させる。[p‘]

m　唇をしっかり閉じて，日本語の「マ」行の子音を発音する。[m]

f　英語の“f”のように，上の歯を下唇に軽く当てて発音する。[f]

(2)　**舌先を使う音**

d　日本語の「タ」行の子音（ただし日本語のそれは舌先がどこにも接触せず，いわば遊んだ状態になっているのに対し，中国語では舌先はややそり上がり，上の歯茎にぴったりとくっつく。t・n も同じ）。[t]

t　日本語の「タ」行の子音を，息を強く出しながら発音する。p と同様に，口の中で息をしっかりためたあと，それを急激に破裂させる。[t‘]

n　日本語の「ナ」の子音。[n]

l　英語の“l”と同じ。日本語の「ラ」行の子音に近いが，d の位置まで舌をそり上げる。[l]

### (3) 舌の付け根を持ち上げる音

g　日本語の「カ」行の子音（ただし日本語のそれよりもやや後ろよりで発音する。k も同じ）[k]

k　日本語の「カ」行の子音を，息を強く出しながら発音する。[k‘]

h　のどの奥から強い息を出して「ハ」の子音を発音する。[x]

**◐有気音と無気音◑**

日本語には，例えば「タ」と「ダ」のように清音と濁音の対立が存在するが，中国語にはこのような対立はない。一方，中国語の破裂性をもつ子音には，気流の強弱によって区別される「有気音」と「無気音」の対立が存在する。上の説明の中で，[‘] の記号を付したものが有気音である。中国語には有気音と無気音の対立が６組ある（各組それぞれ左が無気音，右が有気音である）。

b —— p　　　d —— t

g —— k　　　j —— q

z —— c　　　zh —— ch

無気音は，その名称こそ「無気音」（気流が無い音）となっているが，これらの子音を完全に気流を伴わずに発音することは不可能であり，実際には弱い気流を伴う。ただしそれは有気音の場合に比べてはるかに弱い。「無気音」と呼ばれるゆえんである。無気音では調音点の閉鎖（例えば b における両唇の閉鎖）は比較的弱いが，その代わりにその発音に入る直前には声門が緊張して閉じた状態になっている。例えば，我々が「アッ！」という驚きの声をあげるとき，母音「ア」を発音する直前にノドの奥がつづまり，緊張した状態になっていることが知覚できるが，これが声門の閉鎖である。中国語の無気音における閉鎖はここまで強くはないが，子音を発音する直前に少しノドをつづめるようにするとうまく発音できるだろう。一方，有気音は調音点の閉鎖が強い。例えば p ならば，唇をしっかり閉じて息を十分にため，閉鎖を破ると同時にそれを一気に吐き出すように発音すればうまく発音できる。

無気音は濁音ではないから，例えば ba をその表記に引きずられて「バ」のように発音してはいけない。無気音はあくまで清音である。

## Ⅱ．形容詞述語文

### 3.2　形容詞述語文

述語が形容詞または形容詞句からなるタイプの文を「形容詞述語文」という。

一般に形容詞は単独で用いると人や事物の属性や性質を表す。属性・性質はその人や事物がある程度恒常的に備えているものであるが，そういった属性・性質は一般的には他者との対比によって明らかになる。

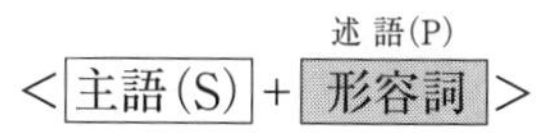


冬天　　冷，　夏天　热。
Dōngtiān lěng, xiàtiān rè.

［冬は寒く，夏は暑い。］

他　为人　好，　本事　高。
Tā wéirén hǎo, běnshi gāo.

［彼は人柄がよく，腕前もよい。］

◉明示的であるかどうかは別として，話し手の中の何らかの基準に照らして——それは「他者」との対比から生まれる——このように述べていると考えられる。

対比の意味をもたない場合，一般に形容詞は単独では用いられず，程度副詞と呼ばれる副詞の修飾を受ける。程度副詞の修飾を受けた形容詞は，主語が表す人・事物や状況について，話し手が自らの実感として捉えた性質や状態を活き活きと描写する。

述語(P)

<主語(S)＋程度副詞＋形容詞>

形容詞句

真　好!
Zhēn hǎo!
［本当にすばらしい！］

去年　夏天　特别 热。
Qùnián xiàtiān tèbié rè.
［去年の夏はとりわけ暑かった。］

味道　还　行。
Wèidao hái xíng.
［味はまあまあだ。］

◉副詞“还”は十分ではないものの，まずまず満足できるという気持ちを表す。

◉対比の意味をもたず，かつ単独で用いられる形容詞については，『中国語Ⅱ』文法のポイント5.1を参照。

程度の強め（もしくは弱め）を伴わない描写には，多く“很 hěn”を用いる。この場合，“很”は強勢を置かずに軽く発音される。

他 很 勇敢。
Tā hěn yǒnggǎn.
［彼は勇敢だ。］

这　些 菜 很　好吃。
Zhèi xiē cài hěn hǎochī.
［これらの料理はおいしい。］

ただし，“很”に強勢を置いて強く発音した場合には，程度が高いことを表す（「とても；非常に」）。

最近　身体　很　不 舒服。
Zuìjìn shēntǐ hěn bù shūfu.

［最近，体の調子がとても悪い。］

なお，“很”は一部の動詞を修飾することができる。その際には「とても；非常に」という意味を表す。

大家　都　很　支持　她。
Dàjiā dōu hěn zhīchí tā.

［みんなが彼女を大いに支持している。］

## Ⅲ．その他のポイント

### 3.3　否定の副詞“不”

副詞“不”は動詞や形容詞などの前で用いられ，次のような否定の意味を表す。

述 語(P)
①<主語(S)＋“不”＋動詞(V)>

動詞の前に用いられると，主語で表される人や事物にそのような予定や意志，習慣的な動作がないこと，そのような客観的事実が当てはまらないこと，そのような心理・認識状態が存在しないことを表す。

他 不 来。［彼は来ない。］
Tā bù lái.

我　不 吃 肉。［私は肉を食べない。］
Wǒ bù chī ròu.

她 不 叫　王　欣欣。
Tā bú jiào Wáng Xīnxīn.

［（彼女は名前は王欣欣といわない→）彼女の名前は王欣欣ではない。］

他 不 认识 你。［彼はあなたのことを知らない。］
Tā bú rènshi nǐ.

②<主語(S)＋"不"＋形容詞>（"不"＋形容詞＝述語(P)）

形容詞の前に用いられると，主語で表される人や事物にそのような性質や状態が当てはまらないことを表す。

他 酒量 不 大。［彼は（酒量が多くない→）酒に弱い。］
Tā jiǔliàng bú dà.

我 不 饿。［私はお腹が減っていない。］
Wǒ bú è.

"不"には変調現象（→学習のテーマ 1.5）が存在する。第 4 声の音節の前では第 2 声に変化する。

①単独で用いられる場合，＜"不 bù"＋第 1, 2, 3 声音節＞

"不!"［いいえ！］（第 12 課課文）
"Bù!"

不 吃 ［食べない］
bù chī

不 来 ［来ない］
bù lái

不 买 ［買わない］
bù mǎi

②＜"不 bú"＋第 4 声音節＞

不 叫 ［名前は～と言わない］
<u>bú</u> jiào

不 认识 ［(～のことを）知らない］
<u>bú</u> rènshi

## ◎ 読解のヒント ◎

### 3.1　副詞 "也"

動詞や形容詞の前に用いて，「～も（…）；～も同様に（…）」という意味を表す。

<"也"+動詞(V)／形容詞等>

徐 逸 来， 王 欣欣 也 来。
Xú Yì lái, Wáng Xīnxīn yě lái.
[徐逸は来るし，王欣欣も来る。]

今天 我们 去 雍和宫， 也 去 颐和园。
Jīntiān wǒmen qù Yōnghégōng, yě qù Yíhéyuán.
[今日私たちは雍和宮に行くし，また頤和園にも行く。]

那 个 视频 也 很 有 意思。
Nèi ge shìpín yě hěn yǒu yìsi.
[あの動画もとてもおもしろい。]

## 【練習問題】(作文)

Ⅰ. 形容詞述語文〘T.3.2〙

① この荷物〔行李 xíngli〕は重い〔重 zhòng〕が，あの荷物は軽い〔轻 qīng〕。

② この荷物はなんて重いんだ！(「荷物」は複数)

③ この料理はおいしいが，あの料理はおいしくない。(「料理」は複数)

④ この料理は（特別においしい→）ほっぺたが落ちそうなほどおいしい。

⑤ あの子〔孩子 háizi〕たちはみんな〔都 dōu〕お利口さん〔乖 guāi〕ですね。

⑥ 私はとてもうれしい〔高兴 gāoxìng〕。

Ⅱ. 否定の副詞“不”〘T.3.3〙

① 彼は本を買わない。

② 彼女は東京に来ない。

③ あの子たちは朝食〔早饭 zǎofàn〕を食べない。

④ これらの荷物は重くはない。

⑤ 今日はとても暑いわけではない。

⑥ 彼女はまったく満足し〔满意 mǎnyì〕ていない。

Ⅲ. 副詞“也”〘H.3.1〙

① 私は本を買うし，彼も本を買う。

② 彼女たちはデパート〔百货大楼 bǎihuò dàlóu〕に行くし，書店〔书店 shūdiàn〕にも行く。

③ 兄〔哥哥 gēge〕は学校〔学校 xuéxiào〕へ行ってしまい〔去～了 qù ～ le〕，弟〔弟弟 dìdi〕も幼稚園〔幼儿园 yòu'éryuán〕へ行ってしまったので，私はとてもさみしい〔寂寞 jìmò〕。

④ 彼もうれしい。

# 第4課　拍摄视频(4)——疑問文

Wáng Xīnxīn:　Zhè liǎng ge shìpín dōu búcuò. Nǐ xǐhuan zhèi ge háishi nèi ge?

Xú Yì:　Wǒ háishi xǐhuan nèi ge.

Wáng Xīnxīn:　Wǒ yě xǐhuan nèi ge. Pāi shìpín nán bù nán?

Xú Yì:　Yǒudiǎnr nán. Wǒ yě pāi shìpín.

Wáng Xīnxīn:　Zhēn de?! Nǐ pāi shénme?

Xú Yì:　Wǒ pāi jiē tóu xiàng wěi.

王欣欣：这两个视频都不错。你喜欢这个还是那个?

徐　逸：我还是喜欢那个。

王欣欣：我也喜欢那个。拍视频难不难?

徐　逸：有点儿难。我也拍视频。

王欣欣：真的?! 你拍什么?

徐　逸：我拍街头巷尾。

## 語　釈

1 zhè liǎng ge　这两个　この二つの（～）。▶<指示語＋数詞＋量詞>の構造。学習のテーマ 7.1 を参照。

dōu　都　［副詞］→読解のヒント 4.1

búcuò　不错　［形容詞］よい；すばらしい。

xǐhuan　喜欢　［動詞］（～を）好む；（～が）好きである。

háishi　还是　［接続詞］→学習のテーマ 4.2

nèi ge　那个　→学習のテーマ 2.5

2 háishi　还是　［副詞］（比較や選択の結果としての判断や評価を表し）やはり；どちらかといえば。

3 pāi　拍　［動詞］（写真や映像を）写す；撮影する。

nán　难　［形容詞］難しい；やりにくい。

～bù～　～不～　→学習のテーマ 4.3

4 yǒudiǎnr　有点儿　［副詞］→読解のヒント 4.2

5 zhēn de　真的　本当である；真実である。▶この意味で用いられる形容詞“真”は通常単独で述語になることができず，常に“真的”の形で用いられる。

shénme　什么　［疑問名詞］→学習のテーマ 4.4

6 jiē tóu xiàng wěi　街头巷尾　大通りと横町；街のあちこち。▶“街”は「大通り」，“巷”は「横町；路地」を意味する。大通りから横町までの「街のあちこち」の意。

## 学習のテーマ

### Ⅰ. 発音(4)

#### 4.1　子音(2)

| | | | |
|---|---|---|---|
| j | q | x | |
| z | c | s | |
| zh | ch | sh | r |

**(4)　舌面を使う音**

j　日本語の「チ」の子音と同じ。唇の両端をやや左右に引き，舌先を下の歯の裏に当てる（ただし日本語のそれよりも舌面はより上の方へ持ち上がる。q・x も同じ）。[tɕ]

q　日本語の「チ」の子音を，息を強く出しながら発音する。[tɕʻ]

x　息を強く出しながら，日本語の「シ」の子音を発音する。[ɕ]

**(5)　舌と歯を使う音**

z　日本語の「ツ」の子音。舌先を上歯の裏側に当てる（c･s も同じ）。[ts]

c　日本語の「ツ」の子音を，息を強く出しながら発音する。[tsʻ]

s　日本語の「ス」の子音。[s]

**(6)　舌をそり上げる音**

zh　唇をやや開き，舌を上の歯茎のさらに後ろ側，上あご（硬口蓋）が落ち込む辺りまでそり上げ，「チ」の子音を発音する。[tʂ]

ch　強く息を出して zh を発音する。[tʂʻ]

sh　zh と同じ構えで「シ」を発音する。[ʂ]

r　zh と同じ構えで「リ」を発音する。[ʐ]

## Ⅱ. 疑問文

疑問文には5つのタイプが存在する。このうち2つが語気助詞の働きによるものであるが，本課ではそれを除いた3つのタイプを取り上げる。

### 4.2 選択疑問文

複数の項目の中から一つを聞き手に選択させるタイプの疑問文を「選択疑問文」という。一般的には以下のような形式で表現される。「X かそれとも Y か？」。

<主語（+“是”）+ 述語$_1$（選択肢 X）+“还是”（接続詞）+ 述語$_2$（選択肢 Y）？>

咱们 （是） 看 电视， 还是 打 扑克?
Zánmen (shì) kàn diànshì, háishi dǎ pūkè?

［私たちはテレビを見ますか，それともトランプをしますか？］

你（是）去 图书馆， 还是 去 食堂?
Nǐ (shì) qù túshūguǎn, háishi qù shítáng?

［あなたは図書館に行きますか，それとも食堂に行きますか？］

◉目的語が表す事物を選択させる場合でも，一般に動詞を含んだ述語全体を選択肢として提示する。

<（“是”+）主語$_1$ + 述語$_1$（選択肢 X／節 1）+“还是”（接続詞）+ 主語$_2$ + 述語$_2$（選択肢 Y／節 2）？>

（是） 父母 不 赞成， 还是 他 自己 不 愿意?
(Shì) Fùmǔ bú zànchéng, háishì tā zìjǐ bú yuànyi?

［両親が賛成しないのですか，それとも彼自身が望まないのですか？］

（是）语法 难，还是 发音 难?
(Shì) Yǔfǎ nán, háishi fāyīn nán?

［文法が難しいですか，それとも発音が難しいですか？］

中国語には同字同音が連続した場合，それらが一つに融合することがある。第一の形式において述語動詞が“是”の場合，このような同字同音連続に伴う融合が生じる。

你是是本科生，还是是研究生?
→你 是 本科生， 还是 研究生?
Nǐ shì běnkēshēng, háishi yánjiūshēng?

［あなたは学部生ですか，それとも大学院生ですか？］

◉学習のテーマ7.6（“是”を用いる動詞述語文）を参照。

## 4.3　正反疑問文

述語（動詞または形容詞）の肯定形と否定形を並べて作り，聞き手にその当否を選ばせるタイプの疑問文を「正反疑問文」という。否定形は一般に軽く発音される。

肯定形 ＋ 否定形
＜主語(S)＋動詞(V)＋“不”＋動詞(V)（＋目的語(O)）＞

他 去 不 去?
Tā qù bú qù?

［彼は行きますか？］

你 买 不 买 大衣?
Nǐ mǎi bù mǎi dàyī?

［あなたはコートを買いますか？］

◉目的語は肯定形・否定形のいずれか一方が省略される。したがって，“你买大衣不买?”という語順になることもある。

你买~~大衣~~不买大衣?

你买大衣不买~~大衣~~?

　　　　　　肯定形　＋　　否定形
＜主語(S)＋[形容詞]＋[“不”＋形容詞]＞

人　多 不 多?
Rén duō bù duō?
［人は多いですか？］

这　个 视频　好 不 好?
Zhèi ge shìpín hǎo bù hǎo?
［その動画は素晴らしいですか？］

## 4.4　疑問詞疑問文

以下のような疑問詞を用いて，問題となる人や事物・事態等を問うタイプの疑問文を「疑問詞疑問文」という。

〖人〗谁 shéi（または shuí）［だれ］
〖事物〗什么 shénme［なに］
〖人・事物の選択〗哪 nǎ［どれ；どの］　→学習のテーマ 2.5
〖場所〗哪里 nǎli，哪儿 nǎr［どこ］　→学習のテーマ 6.6
〖時間〗什么时候 shénmeshíhou［いつ］　→第 9 課課文
〖数〗几 jǐ［いくつ］，多少 duōshao［どれだけ］　→読解のヒント 10.1, 7.1
〖理由〗为什么 wèishénme［なぜ］
〖方式・理由〗怎么 zěnme［どう；どうして］　→学習のテーマ 12.4, 読解のヒント 9.2
〖程度〗多(么) duō(me)［どんなに］　→学習のテーマ 7.7
〖様態〗怎(么)样 zěn(me)yàng［どんなだ］　→学習のテーマ 8.4
〖動作〗干吗 gànmá［どうする］

疑問詞疑問文は対応する平叙文に疑問詞を挿入した形で作られる(下線部)。

"你　找　谁?"　"我　找　小红。"
"Nǐ zhǎo shéi?" "Wǒ zhǎo Xiǎohóng."

[「あなたは誰を捜していますか？」「私はシャオホン（子どもの名前）を捜しています。」]

"他　吃　什么?"　"他　吃　面条。"
"Tā chī shénme?" "Tā chī miàntiáo."

[「彼は何を食べますか？」「彼は麺を食べます。」]

最近　读者　喜欢　哪　些　书?
Zuìjìn dúzhě xǐhuan něi xiē shū?

[最近読者はどんな本を好むのだろうか？]

事物を尋ねる疑問詞"什么"は，単独で主語や目的語に用いられる用法と，名詞の前で連体修飾語として用いられる用法がある。

**単独での用法**：「なに」（事物そのものを問う）

什么　叫　认知　科学?
Shénme jiào rènzhī kēxué?

[（何を認知科学と呼ぶのか？→）認知科学とは何か？（「認知科学」という学問の定義を問う）]

我　说　什么　好　呢?
Wǒ shuō shénme hǎo ne?

[私はいったい何を言えばいいのか？]

**<"什么"+名詞>**：「なにの；どんな」（事物の種類・内容を問う）

"你　喜欢　什么　视频?"　"我　喜欢　美食　视频。"
"Nǐ xǐhuan shénme shìpín?" "Wǒ xǐhuan měishí shìpín."

[「あなたはどんな動画が好きですか？」「私はグルメの動画が好きです。」]

你　做　什么　工作?
Nǐ zuò shénme gōngzuò?

[あなたはどんな仕事をしているのか？（→あなたの仕事は何か？）]

## ◎ 読解のヒント ◎

### 4.1　副詞“都”

副詞“都”は，述語に述べられた内容が，主語などが表す人や事物に例外なく当てはまることを表す。「どちらも；いずれも；みんな；全部」。

述 語(P)
＜主語(S)＋“都”＋動詞(句)／形容詞(句)＞

咱们　都　学习　汉语。
Zánmen dōu xuéxí Hànyǔ.

［私たちはみんな中国語を学んでいる。］

武汉、　长沙，　他　都　去。
Wǔhàn、Chángshā, tā dōu qù.

［武漢も長沙も，彼はどちらにも行く。］

◉“都”が指す人や事物は，必ず“都”よりも前に置かれなければならない。なお，“武汉、长沙”は目的語が主語の前に主題として持ち出された形（→学習のテーマ 6.4）。

你　都　参加　哪　些　活动?
Nǐ dōu cānjiā něi xiē huódòng?

［あなたは（全部でどの行事とどの行事→）どんな行事に参加するのですか？］

◉ただし疑問文では，“都”の指す人や事物が“都”よりも後ろに置かれてもよい。

### 4.2　副詞“有点儿”

程度副詞の一つで，程度が高くないことを表す。多く好ましくない心理状態や性質・状況などについて，控えめに表現する際に用いる。

＜“有点儿”＋動詞（V）／形容詞＞

我　知道　你　有点儿　怕。
Wǒ zhīdao nǐ yǒudiǎnr pà.

［あなたが少し怖がっていることは分かっています。］

◉“知道”は節を目的語として伴うことのできる動詞。

她　还是　有点儿　紧张。
Tā háishi yǒudiǎnr jǐnzhāng.

［彼女はまだ少し緊張している。］

## 【練習問題】(作文)

Ⅰ．選択疑問文〖T.4.2〗

① あなたは現在〔现在 xiànzài〕中国語を勉強し〔学 xué〕ていますか，それともロシア語〔俄语 Éyǔ〕を勉強していますか？

② 卓球をし〔打乒乓球 dǎ pīngpāngqiú〕ましょうか，それともサッカーをし〔踢足球 tī zúqiú〕ましょうか？

③ 私が行きましょうか，それともあなたがいらっしゃいますか？

④ 王欣欣さんが買うのですか，それとも徐逸さんが買うのですか？

Ⅱ．正反疑問文〖T.4.3〗

① 王欣欣さんは東京〔东京 Dōngjīng〕へ行きますか？

② あなたはお肉を召し上がりますか？

③ (君は) 寒いかい？

④ これらの料理はおいしいですか？

Ⅲ．疑問詞疑問文〖T.4.4〗

① 「誰がハルピン〔哈尔滨 Hā'ěrbīn〕へ行きますか？」「徐逸がハルピンへ行きます。」

② 「誰を待っ〔等 děng〕ているのですか？」「王欣欣さんを待っています。」

③ 何を愛情〔爱情 àiqíng〕というのか？

④ 「何を編ん〔织 zhī〕でいるのですか？」「セーター〔毛衣 máoyī〕を編んでいます。」

⑤ 「あなたはどんな本を買うのですか？」「私は恋愛小説〔爱情小说 xiǎoshuō〕を買います。」

⑥ (あなたはどのような専攻〔专业 zhuānyè〕を学んでいるか→) あなたの専攻は何ですか？

Ⅳ．副詞“都”〚H.4.1〛

① 私たちはみんな中国〔中国 Zhōngguó〕へ行く〔去 qù〕。

② 彼女たちの名字はどちらも張だ。

③ 東京と北京のどちらにも私たちは行く。

④ あなたたちは（どの国とどの国→）どんな国〔国家 guójiā〕にいらっしゃるのですか？

⑤ 私たちは誰も本を買わない。

⑥ 私たちは全員が本を買うわけではない。

Ⅴ．副詞“有点儿”〚H.4.2〛

① 彼は少し不機嫌だ。

② 今日は少し寒い。

③ （私は少し安心し〔放心 fàngxīn〕ていない→）私は少し心許ない。

④ いま彼は少々焦っている〔着急 zháojí〕。

## ❖数の表現❖

Ⅰ.「数詞」について

数詞は基数と位数からなる。

基数：一 yī　二 èr　三 sān　四 sì　五 wǔ　六 liù　七 qī　八 bā　九 jiǔ
两 liǎng　几 jǐ

位数：十 shí　百 bǎi　千 qiān　万 wàn　亿 yì

(1)　1から10まで

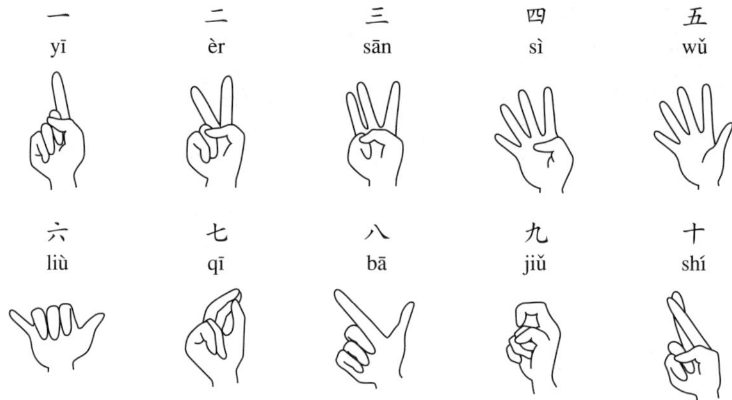


(2)　11以上の数

基本的には日本語のそれに近いが，いくつか異なる点もある。

| 十一 | 十二 | 十三 | 十四 | 十五 | 十六 | 十七 | 十八 | 十九 | 二十 |
|---|---|---|---|---|---|---|---|---|---|
| shíyī | shí'èr | shísān | shísì | shíwǔ | shíliù | shíqī | shíbā | shíjiǔ | èrshí |
| 二十一 | 二十二 | 二十三 | 二十四 | 二十五 | 二十六 | 二十七 | 二十八 | 二十九 | 三十 |
| èrshiyī | èrshi'èr | èrshisān | èrshisì | èrshiwǔ | èrshiliù | èrshiqī | èrshibā | èrshijiǔ | sānshí |

……

| 九十一 | 九十二 | 九十三 | 九十四 | 九十五 | 九十六 | 九十七 | 九十八 | 九十九 | 一百 |
|---|---|---|---|---|---|---|---|---|---|
| jiǔshiyī | jiǔshi'èr | jiǔshisān | jiǔshisì | jiǔshiwǔ | jiǔshiliù | jiǔshiqī | jiǔshibā | jiǔshijiǔ | yìbǎi |

一百 零 一　yìbǎi líng yī
一百 零 二……　yìbǎi líng èr
一百 一(十)　yìbǎi yī(shí)

一百 一十一　yìbǎi yīshiyī
一百 一十二……　yìbǎi yīshi'èr
一百 二(十)……　yìbǎi èr(shí)

二百 零 一　二百 零 二……　二百 一(十)……
èrbǎi líng yī　èrbǎi líng èr　èrbǎi yī(shí)

一千 零 一……　一千 零 一十……　一千 一(百)……　一千 二(百) ……
yìqiān líng yī　yìqiān líng yīshí　yìqiān yī(bǎi)　yìqiān èr(bǎi)

两千 零 二 (2002)……　两千 零 二十 (2020)……　两千 二(百)(2200)……
liǎngqiān líng èr　liǎngqiān líng èrshí　liǎngqiān èr(bǎi)

两万 零 二 (20002)……　两万 零 二十 (20020)……　两万 零 二百 (20200)……
liǎngwàn líng èr　liǎngwàn líng èrshí　liǎngwàn líng èrbǎi

两万 二(千) (22000)……　两万 二千 零 二 (22002)……
liǎngwàn èr(qiān)　liǎngwàn èrqiān líng èr

两万 二千 零 二十 (22020)……　两万 二千 二(百) (22200)……
liǎngwàn èrqiān líng èrshí　liǎngwàn èrqiān èr(bǎi)

两亿(200,000,000)
liǎngyì

【注意点】

(1)　日本語では「十」・「百」・「千」の前の「一」は通常省略されるが，中国語の 3 桁以上の数字では，位数の前の“一”を省略することはできない。

516　=　五百一十六
wǔbǎi yīshiliù

1,111　=　一千一百一十一
yìqiān yībǎi yīshiyī

(2)「2」で始まる 2 桁以上の数については，以下のような規則がある。

(A)“十”の前では必ず“二”を用いる。
(例)「27」=“二十七”)

(B)“百”の前では一般に“二”を用いる。
(例)「207」=“二百零七”)

(C)“千”，“万”，“亿”の前では一般に“两”を用いる。
(例)「2007」=“两千零七”

(3)　3 桁以上の数字で途中の桁が跳ぶ場合（例えば「207」や「2007」），必ず“零 líng”を用いる。cf. 第 14 課「時刻の表現」

(4) 「120」や「2,200」のように，途中の桁が跳ばない 3 桁以上の数字で，末尾が位数で終わる場合には，その位数を省略できる（上記一覧表を参照）。

Ⅱ．基数と序数

自然数は基数と序数に分けられる。基数は個数を表し，序数は順序数を表す。中国語では 1 と 2 に基数・序数の区別がある（3 以上の数では区別されない）。

| | 1 | 2 |
|---|---|---|
| 基数 | one | two |
| | 一<br>yì | 两<br>liǎng |
| 序数 | first | second |
| | 一<br>yī | 二<br>èr |

(1) 数詞“一”には変調現象が存在する。基数の“一”は，後ろに第 1 声・第 2 声・第 3 声の音節が続くときに第 4 声（yì）で発音される。

一 根 头发 ［一本の髪の毛］
yì gēn tóufa

一 条 鱼 ［一匹の魚］
yì tiáo yú

一 把 菜刀 ［一本の包丁］
yì bǎ càidāo

一方，後ろに第 4 声の音節が続くときには第 2 声（yí）で発音される。

一 辆 自行车 ［一台の自転車］
yí liàng zìxíngchē

一 件 衣服 ［一着の服］
yí jiàn yīfu

◉以上はいずれも事物の数量を表現したもので，<数詞＋量詞＋名詞>の構造をもつ名詞句である。詳しくは学習のテーマ 7.1 を参照。

なお，序数表現や 2 桁以上の数の末位に用いられるときには第 1 声（yī）で発音される。

第一 天 ［第一日目；初日］
dìyī tiān

一 月 一 号 ［1 月 1 日］
yī yuè yī hào

三十一 个 人 ［31 人］
sānshiyī ge rén

(2) “两”と“二”は次のように使い分けられる。

两 个 橘子 ［2 個のミカン］
liǎng ge júzi

两 部 影片 ［2 本の映画］
liǎng bù yǐngpiàn

第二 页 ［2 ページ］
dì'èr yè

二 月 二 号 ［2 月 2 日］
èr yuè èr hào

◉書籍に記されているページ数や日付といったものは，基準（1 ページや 1 月 1 日）から数えて何番目かという順序によって示される。

なお，2 桁以上の数の末位では常に“二”が用いられる。

十二 个 留学生 ［12 人の留学生］
shí'èr ge liúxuéshēng

すでに述べたように，位数の前の「2」については，“两”と“二”が慣習的に使い分けられる（「Ⅰ．(2) 11 以上の数」の【注意点】(2) を参照）。

# 第 5 課　拍摄视频(5)
## ――語気助詞〈疑問・命令〉

Wáng Xīnxīn:　Pāi jiē tóu xiàng wěi?! Hěn yǒu yìsi ba!

Xú Yì:　Nǐ gǎn xìngqù ma? Wǒ jīngcháng pāi shìpín, nǐ ne?

Wáng Xīnxīn:　Wǒ ǒu'ěr pāi.

Xú Yì:　Shì ma? Zánmen yìqǐ pāi ba!

Wáng Xīnxīn:　Hǎo, nà wǒ bāng nǐ.

王欣欣：拍街头巷尾?! 很有意思吧!

徐　逸：你感兴趣吗? 我经常拍视频，你呢?

王欣欣：我偶尔拍。

徐　逸：是吗? 咱们一起拍吧!

王欣欣：好，那我帮你。

## 語　釈

1 ba　吧［語気助詞］→学習のテーマ 5.3

2 gǎn　感［動詞］感じる；覚える。

xìngqù　兴趣［名詞］興味；関心。

ma　吗［語気助詞］→学習のテーマ 5.4

jīngcháng　经常［副詞］いつも；しょっちゅう；常に。

ne　呢［語気助詞］→学習のテーマ 5.5

3 ǒu'ěr　偶尔［副詞］時折；たまに。

4 Shì ma?　是吗?（相手のことばを確認して）そうなんですか？；そうなんですね。

zánmen　咱们［代名詞］→学習のテーマ 2.4

yìqǐ　一起［副詞］一緒に；ともに。

ba　吧［語気助詞］→学習のテーマ 5.6

5 hǎo　好［形容詞］はい；よろしい；いいですね。▶本来は「よい；立派である；優れている」という意味であるが，ここでは相手への同意を表す。

nà　那［指示詞］本来は指示詞で「それ；あれ」という意味を表すが（→学習のテーマ 2.5），ここでは接続詞的に用いられ，前の文脈を受けて「それでは」という意味を表す。

bāng　帮［動詞］助ける；手助けする。

## 学習のテーマ

### Ⅰ．発音(5)

#### 5.1　鼻音を伴う母音

| | | | |
|---|---|---|---|
| an | ang | en | eng |
| ian<br>(yan) | iang<br>(yang) | in<br>(yin) | ing<br>(ying) |
| uan<br>(wan) | uang<br>(wang) | uen<br>(wen) | ueng, ong<br>(weng) |
| üan<br>(yuan) | | ün<br>(yun) | iong<br>(yong) |

中国語には鼻音を伴う母音が二種類あり，ピンインではこれを -n と -ng によって区別している。日本人は普段この二つを意識して区別することはないが，実は無意識のうちにこれを発音し分けている。例えば「アンナイ（案内）」という時，「ン」は舌先を上の歯茎の辺りにぴたりとつけて発音される（[n]）。一方，例えば「アンガイ（案外）」という時には，舌先はどこにも触れず，舌の付け根だけを持ち上げて声を鼻に抜きながら「ン」を発音している（[ŋ]）。この二つの音こそ中国語の -n と -ng に相当する。

日本人にとって両者を意識して区別することはそれほど容易ではないが，-n は舌の前面部を上の歯茎から歯の裏側にぴったりと密着させて発音するとうまく発音できるだろう。一方 -ng は，直前の母音を発音したあと，唇の形を変えないように注意しつつ，舌を口の下の方に沿わせながら後ろに引っ張ってくるとよい。そうすると自然と舌の付け根が持ち上がり，声が鼻に抜けていく。

⑴ 主母音＋ -n/ng

an　「ア」を明るくはっきり発音したあと，舌の前面部を上の歯に押しつけるようにして［n］を発音する。「アンナイ（案内）」というときの「アン」に近い。[an]

ang　やや暗く深めの「ア」のあとに，声を鼻に抜くようにして［ŋ］を発音する。「アンガイ（案外）」というときの「アン」に近い（a は ng に引っ張られて，自然と暗く深めの音色をもつ）。[ɑŋ]

en　口を半開きにしたまま，あいまいな「エ」（[ə]）を発音したあと，舌の前面部を上の歯に押しつけるようにして［n］を発音する（e は n に引っ張られて，やや前よりの「エ」に近い音色をもつ）。[ən]

eng　口を半開きにしたまま，ノドの奥で「ウ」（[ɤ]）を発音したあと，声を鼻に抜くようにして［ŋ］を発音する（e は単母音として発音するときの音色を保つ）。[ɤŋ]

⑵ 介音 i をもつもの

ian(yan)　「ィエン」のように発音し，最後に舌の前面部を上の歯に押しつける。a が前後の音に影響されて「エ」（[ɛ]）になる。表記に引きずられて「ィアン」とならないように注意。[iɛn]

iang(yang)　「ィアン」のように発音し，最後に声を鼻に抜く。a は i の影響で本来の位置よりやや前よりに発音されるものの，ng があとに続くために ian のときのような [ɛ] にはならない。[iaŋ]

in(yin)　口を横に引いて「イ」を発音したあと，舌の前面部を上の歯に押しつけるようにして [n] を発音する。[in]（ただし，第 3 声ではあいまい母音の［ə］の音色が聞こえ，［iᵊn］のように発音されることがある。）

ing(ying)　口を横に引いて「イ」を発音したあと，声を鼻に抜くようにして［ŋ］を発音する。[ɪŋ]

⑶ 介音 u をもつもの

uan(wan)　唇を丸く前につきだして「ウ」を発音し，直後に an を続

ける。[ŭan]

uang(wang)　唇を丸く前につきだして「ウ」を発音し，直後にangを続ける。[ŭɑŋ]

uen(wen)　「ウ」と舌の前面部を上の歯に押しつける「ン」([n])の間に，あいまいな「エ」([ə])を挟み込む。「ウェン」のような発音になる。[uən]

ueng(weng),ong　uengは実際にはこの形式では現れず，常に頭子音がないwengで現れる。唇を丸く前につきだして「ウ」を発音し，直後にengを続ける。「ウォン」に近い。[wɤŋ]
逆にongは常に頭子音を伴う形で現れる。唇を丸めてノドの奥から「オ」を発音し，最後に声を鼻に抜く。[ʊŋ]
(uengとongは音韻論的に同一のものと解釈される。)

(4)　介音üをもつもの

üan(yuan)　üを発音したあとにanを続ける。「ユアン」に近い。[yɛn]

ün(yun)　üと舌の前面部を上の歯に押しつける「ン」([n])の間に，あいまいな「エ」([ə])をごく軽く短く挟み込む。[yən]

iong(yong)　軽く「イ」を発音したあとにongを続ける。「ィヨン」に近い。[ʏᵒŋ] (iongは表記上，介音iをもつもののように見えるが，音韻論的にはüengと解釈されるものであるから，いまこの分類に置く。)

## 5.2　r化の発音

音節中の韻尾がrに置き換わるか，あるいは韻尾としてrが付加される音声現象を「r化」(“儿化 érhuà”)という。r化の発音にはいくつかのパターンがある。

(1)　そのまま舌を巻き上げるもの

花儿 huār［花］　歌儿 gēr［歌］　火锅儿 huŏguōr［中国式しゃぶしゃぶ(鍋)］　凑数儿 còushùr［数をそろえる］　彩票儿 căipiàor［宝くじ］　人头儿 réntóur［交際］

(2) -n が脱落するもの
玩儿 wánr［遊ぶ］ 圈儿 quānr［輪；円］ 婶儿 shěnr［(叔父の妻) 叔母］
打滚儿 dǎgǔnr［のたうち回る］

(3) -i が脱落するもの
小孩儿 xiǎoháir［子ども］ 摸黑儿 mohēir［(暗闇で) 手探りする］ 零碎儿 língsuìr［細々したもの］

(4) 主母音の発音が緩むもの（下線部が主母音）
① [ə]で発音するもの：事儿 shìr［こと；ことがら］ 字儿 zìr［文字の発音］ 喘气儿 chuǎnqìr［一息入れる］ 撇儿 piěr ［(筆画の)左はらい］
② -n の脱落を伴うもの：门帘儿 ménliánr［出入り口に掛けるカーテン］ 使劲儿 shǐjìnr［力を込める］

(5) 韻母全体が鼻音化するもの
双棒儿 shuāngbàngr［双子］ 板凳儿 bǎndèngr［(背もたれのない) 腰掛け］
空儿 kòngr［空き時間］

（一部例字は李思敬『漢語“児”［ɚ］音史研究（増訂版）』, 商務印書館, 北京, 1994 年による）

◉本課末,「発音のまとめ」の 6 を参照。

一方, 文法現象としての r 化は, r を接尾辞としてもつ語または形態素の多くが名詞であり, かつその中には少なくない数の非名詞起源の語が含まれることから, その基本的機能は名詞化であると考えられる。

## Ⅱ. 疑問・命令を表す語気助詞

語気助詞は文末に置かれ, 常に軽声で発音される助詞の一種である。主な機能は, (1)疑問・命令, (2)アスペクト, (3)心的態度を表すことにある（本課では(1)を取り上げ, (2)と(3)は第 6 課で取り上げる）。

### 5.3 推量・確認を表す“吧”——疑問の語気助詞(1)

問題となる事柄について, 話し手が推量を交えた判断を加え, それを相手に確認させようとする気持ちを表す。「～だろう；～ですよね」。確信の度合いが下がることで, 一種の疑問文となる。

＜主語(S)＋述語(P)＋“吧”。／？＞

现在　找　工作　很　难　吧。
Xiànzài zhǎo gōngzuò hěn nán ba.

［いま仕事を探すのは難しいでしょう。］

◉この文では “找工作” という動詞句がそのまま主語となっている。

您　不　认识　他　吧。
Nín bú rènshi tā ba.

［あなたは彼をご存じないですよね。］

王　欣欣　也　来　吧?
Wáng Xīnxīn yě lái ba?

［王欣欣も来るのですよね？］

### 5.4　当否疑問文に用いられる “吗”――疑問の語気助詞(2)

疑問の語気助詞の一つに当否疑問文で用いられる “吗 ma” がある。「当否疑問文」とは，問題となる事柄の当否を聞き手に問うタイプの疑問文（すなわち *yes*／*no* を用いて回答できる疑問文）である。

＜主語(S)＋述語(P)＋“吗”？＞

人　多　吗?
Rén duō ma?

［人は多いですか？］

王　欣欣　也　来　吗?
Wáng Xīnxīn yě lái ma?

［王欣欣も来ますか？］

◉比較：“王欣欣也来吧?”（上掲）

你 不 去 图书馆 吗?
Nǐ bú qù túshūguǎn ma?

［あなたは図書館に行かないのですか？］

当否疑問文に対しては，一般的に述語の肯定形／否定形を用いて回答する。

“人 多 吗?” —— “(很) 多。 ／ 不 多。”
“Rén duō ma?” —— “(Hěn) Duō. ／ Bù duō.”

［「人は多いですか」——「多いです。／多くありません。」］

## 5.5 省略疑問文に用いられる“呢”——疑問の語気助詞(3)

問題となる事柄について，述語部分を省略して「～は？」と問うタイプの疑問文を「省略疑問文」という。省略疑問文に用いられる“呢”も疑問の語気助詞の一つである。

<人・事物 + “呢”？>

爸爸 呢? 爸爸 也 去 吗?
Bàba ne? Bàba yě qù ma?

［お父さんは？お父さんも行きますか？］

王 欣欣 呢? 我们 都 在 等 她。
Wáng Xīnxīn ne? Wǒmen dōu zài děng tā.

［王欣欣は（どこ）？私たちはみんな彼女のことを待っているのですよ。］

◉“在”は動作が実現の過程にあること（すなわち進行していること）を表す副詞。「～している；ちょうど～しつつある」。

## 5.6　勧誘・提案を表す“吧”——命令の語気助詞

話し手が聞き手に対してある動作や行為を行うよう勧誘したり，提案したりする気持ちを表す。「～したらどうですか；～しましょうよ」。命令の語気を和らげる働きがある。

＜主語(S)＋述語(P)＋“吧”。＞

你们　先　回家　吧。
Nǐmen xiān huíjiā ba.
［(あなた方は→) みんなは先にお帰りなさい。］

咱们　一起　走　吧。
Zánmen yìqǐ zǒu ba.
［私たちは一緒に行きましょうよ。］

## 【練習問題】(作文)

Ⅰ. 推量・確認を表す“吧”〖T.5.3〗

① 人は多いのでしょうね。

② 彼らも動物園〔动物园 dòngwùyuán〕には行かないのですよね？

③ 少し機嫌が悪いんじゃないですか？

④ 彼女たちもみなこれらの本が好きでしょう。

Ⅱ. 当否疑問文〖T.5.4〗

① 王欣欣は東京へ行きますか？

② あなたは彼のことをご存じですか？

③ これらの料理はおいしいですか？

④ 彼らはどちらも英語〔英语 Yīngyǔ〕を学んでいますか？

⑤ 「彼女は肉を食べないのですか？」「食べません。」

⑥ 「彼は勇敢ですか？」「勇敢です。」

Ⅲ. 省略疑問文〖T.5.5〗

① 午後〔下午 xiàwǔ〕，私は学校〔学校 xuéxiào〕に行きますが，あなたは？

② 「以前〔以前 yǐqián〕私は彼女を知りませんでした。」「いまは？」

Ⅳ. 勧誘・提案を表す“吧”〖T.5.6〗

① こっちへおいでください。

② 明日〔明天 míngtiān〕は頤和園に行きましょうよ。

③ 私は食べないから，あなたが食べたらどうですか。

④ 徐逸さんが来るのだから，あなたもいらっしゃいよ。

## ❖発音のまとめ❖

### 1. 韻母表

| -i | a | | e | ai | ei | ao | ou | an | en | ang | eng |
|---|---|---|---|---|---|---|---|---|---|---|---|
| i<br>(yi) | ia<br>(ya) | | ie<br>(ye) | | | iao<br>(yao) | iou<br>(iou) | ian<br>(yan) | in<br>(yin) | iang<br>(yang) | ing<br>(ying) |
| u<br>(wu) | ua<br>(ua) | o,uo<br>(wo) | | uai<br>(wai) | uei<br>(wei) | | | uan<br>(wan) | uen<br>(wen) | uang<br>(wang) | ueng,ong<br>(weng) |
| ü<br>(yu) | | | üe<br>(yue) | | | | | üan<br>(yuan) | ün<br>(yun) | | iong<üeng><br>(yong) |

●なお，この他に er が存在する。

### 2. 主母音の優先順位

韻母が複数の母音（複母音）からなる場合，主母音の位置を占める母音には次のような優先順位がある。

a ＞ o, e ＞ i, u, ü

例えば，a と他の母音の組み合わせでは，常に a が主母音になり（ao, ua, iao など），o と u や，o と i の組み合わせでは，o が主母音になる（ou, iou）。なお，声調記号は原則として主母音の上につける。

### 3. 声調記号のつける場所

（1）母音の上に

（2）複母音の場合は，

- ●a があれば，a の上に。
- ●a がなければ，o か e の上に。
- ●o も e もなければ，i, u, ü の上に。
- ●i と u が並べば，後ろの方に。(iŭ, uĭ)

（3）i の上に声調記号をつけるときは，“・”を省略して記号をつける（ī, í, ǐ, ì）。

## 4. ピンインの書き換え

(1) i, u, ü の書き換え

音節が声母（頭子音）をもたず，i, u, ü で始まる場合は，次のような書き換えを行う。

① i, u, ü の後に母音がない場合

i は yi に書き換える：i → yi　in → yin　ing → ying

u は wu に書き換える：u → wu

ü は yu に書き換える：ü → yu　ün → yun

② i, u, ü の直後に母音が続いて複母音をなす場合

i は y に書き換える：ia → ya　iao → yao　ian → yan　iang → yang

u は w に書き換える：ua → wa　uo → wo　uan → wan

ü は yu に書き換える：üe → yue　üan → yuan

(2) ü の“ ¨ ”の省略

声母（頭子音）j-, q-, x- の直後に ü が続くときは“ ¨ ”を省略して u と綴る。

(3) o と e の省略

iou, uei, uen の前に声母（頭子音）があるときは，o と e を省略して，それぞれ iu, ui, un と綴る。

n ＋ iou → niu

t ＋ uei → tui

l ＋ uen → lun

## 5. e の音声ヴァリエーション

単独の e, e̲r, e̲ng, e̲n, 子音＋ e ……あいまい音（[ɤ] または [ə]）で発音する。

ie̲, e̲i, üe̲ ……「エ」（[ɛ] または [e]）で発音する。

6. r 化についての補足（学習のテーマ 5.2 を参照）

（1） r 化によって一部韻母に合流が生じる。すなわち，

-air と -anr（[ɐɹ]）

-uair と -uanr（[ŭɐɹ]）

-eir と -enr と -ir（[əɹ]。ただし -ir は声母が z- もしくは zh- 系列の場合）

-u(e)ir と -u(e)nr（[uᵊɹ]）

-inr と -ir（[ɪəɹ]。ただし -ir は声母が b-, d-, j- 系列の場合）

-ünr と -ür（[ʏᵊɹ]）

はそれぞれ同音となる。例：“神儿 shénr”［顔つき；表情］＝“食儿 shír”［えさ］（[ʂ̩əɹ]）

（2） -ar と -anr 等，-iar と -ianr，-uar と -uanr 等は，通常はそれぞれ同音となるが，丁寧に発音される場合などは区別されることもある。また，-er と -enr 等，-uor と -u(e)nr 等，-ier と -ir（声母が b- 系列等）は，一般的に区別されることが多い。例：“歌儿 gēr［kɤ̟˞ɹ］”≠“根儿 gēnr［kəɹ］”［根っこ］

7. 音節表（巻末別表）

# 第6課　新旧交融(1)
## ——語気助詞〈アスペクト・感情〉

| | |
|---|---|
| Xú Yì: | Nǐ lèi le ma? |
| Wáng Xīnxīn: | Jīntiān tài rè le, wǒ yǒudiǎnr lèi le. Nǐ ne? |
| Xú Yì: | Bú lèi ya! |
| Wáng Xīnxīn: | Mùdì dì dào le méiyou? Wǒmen xiànzài zài nǎr? |
| Xú Yì: | Hái méi dào ne. Zánmen xiūxi yíhuìr ba. |

徐　逸：你累了吗?

王欣欣：今天太热了，我有点儿累了。你呢?

徐　逸：不累呀!

王欣欣：目的地到了没有？我们现在在哪儿?

徐　逸：还没到呢。咱们休息一会儿吧。

## 語 釈

xīnjiù　新旧　［名詞］新旧；新しいものと古いもの；今と昔。
jiāoróng　交融　［動詞］溶け合う；融合する。

1 lèi　累　［形容詞］疲れている。
le　了　［語気助詞］→学習のテーマ 6.1
2 jīntiān　今天　［時間詞］今日。▶第 14 課「主な時間詞」を参照（193 頁）。
tài～le　太～了　→読解のヒント 6.1
rè　热　［形容詞］（気候が）暑い。
3 ya　呀　［語気助詞］→学習のテーマ 6.2
4 mùdì dì　目的地　目的地。▶「目的」を表す名詞“目的”と，「地点」を表す名詞的要素である“地”が直接結びついた連体修飾構造（→学習のテーマ 7.3）。なお，この文の構造については学習のテーマ 6.4 を参照。
dào　到　［動詞］（ある場所に）着く；到着する。
méiyou　没有　［副詞］→学習のテーマ 6.1
wǒmen　我们　［代名詞］→学習のテーマ 2.4
xiànzài　现在　［時間詞］現在；いま。
zài　在　［動詞］→学習のテーマ 6.5
nǎr　哪儿　［代名詞］→学習のテーマ 6.6
5 hái　还　［副詞］（ある状態・状況がそのままで変化していないことを表し）まだ；依然として；相変わらず。
méi　没　［副詞］→学習のテーマ 6.1
ne　呢　［語気助詞］→学習のテーマ 6.3
xiūxi　休息　［動詞］休む；休憩する；休息する。
yíhuìr　一会儿　［名詞］→読解のヒント 6.2

## 学習のテーマ

# Ⅰ．アスペクトおよび心的態度を表す語気助詞

## 6.1　語気助詞“了”——アスペクトの語気助詞(1)

語気助詞の“了”は，動作・行為や状況に関わるある**変化**が，問題となる時点においてすでに実現済みであることを表す。

<主語(S)＋述語(P)＋“了”。>

◉“了”はそれ自身を除く述語部分全体にかかっていると見なすことができる。

我　累　了。
Wǒ lèi le.

［私は疲れました。］

◉〔疲れていない〕状況から〔疲れている〕状況への変化の実現。つまり，いま現に〔疲れている〕という新たな状況の開始。

你　到　北京　了　吗?
Nǐ dào Běijīng le ma?

［あなたは北京に着きましたか？］

◉〔到着していない〕状況から〔到着している〕状況への変化。

她　昨天　进　城　了。
Tā zuótiān jìn chéng le.

［彼女は昨日町へ行きました。］

◉“昨天”（＝過去）の時点における，〔行っていない〕状況から〔行っている〕状況への変化。“进城”は「町に入る；町に行く」の意。

腿 不 疼 了。
Tuǐ bù téng le.

［足は痛くなくなった。］

◉〔痛む〕という状況から〔痛まない〕という状況への変化。事態の変化。

他 已经 不 减肥 了。
Tā yǐjing bù jiǎnféi le.

［彼はすでにダイエットをやめてしまった。］

◉過去の時点（“已经”［すでに］）における，〔ダイエットをしている〕状況から〔ダイエットをしていない〕状況への変化。動作の中止。

変化の否定（すなわち変化の未実現）には，副詞“没有 méiyou”（第 2 音節は軽声）または“没 méi”を用いる。ただし，その場合には語気助詞“了”を同時に用いることはできない。

树叶 还 没(有) 黄。
Shùyè hái méi(you) huáng.

［木の葉はまだ（黄色になっていない→）紅葉していない。］

他 没(有) 到 北京。
Tā méi(you) dào Běijīng.

［彼はまだ北京に着いていない。］

### 6.2 語気助詞“啊”——心的態度の語気助詞

語気助詞の“啊”は語彙として特定の意味をもたない。それぞれの文が担う表現意図に応じて，話し手の感情が言語音として現れたものである。

“啊 a”は先行する音節の末尾の音の影響を受け，しばしば次のように変化する。

u, ao, ou + a（啊） → wa（哇）：好哇！ Hǎo wa!［いいよ！］
a, o, i, e, ü + a（啊） → ya（呀）：谁呀？ Shéi ya?［誰だい？］
n + a（啊） → na（哪）：不难哪。 Bù nán na.［むずかしくないよ。］

ただし，表記は“啊”のままであることも多い。

<主語(S)＋述語(P)＋“啊”。>

我　努力 学习 呀。〖平叙文〗
Wǒ nǔlì xuéxí ya.
［僕はがんばって勉強しているんだよ。］

你 不 来 呀？〖疑問文〗（※上昇イントネーションで発音される）
Nǐ bù lái ya?
［君は来ないのかい？］

安静　一点儿 啊！〖命令文〗
Ānjìng yìdiǎnr a!
［ちょっと静かにしてくださいよ。］

北京　西站　真　大 啊！〖感嘆文〗
Běijīng Xīzhàn zhēn dà a!
［北京西駅は本当に大きいなあ！］

## 6.3　語気助詞“呢”——アスペクトの語気助詞(2)

語気助詞の“呢”は，動作・行為や状況に関わるある**現状**を，聞き手に訴えかけ，それを確認させようという気持ちを表す。

<主語(S)＋述語(P)＋“呢”。>

他　现在　开会 呢。 再　等　一会儿 吧。
Tā xiànzài kāihuì ne. Zài děng yíhuìr ba.
［彼はいま会議中ですから，もうしばらく待ってください。］

现在　才 七 点　钟，　时间　还 早 呢。
Xiànzài cái qī diǎn zhōng, shíjiān hái zǎo ne.
［いま7時になったところですよ。時間はまだ早いですよ。］

## Ⅱ．その他のポイント

### 6.4　主題化構文

一般的な文において，主語はその文における表現上の主題であり，述語はそれに対する叙述である。ところが，時として主語以外の人や事物を文頭に取り出し，それに主題としての役割を担わせるタイプの文が存在する。このような文を「主題化構文」という。

主題化構文において主題として取り出されるのは，話し手と聞き手の間ですでに話題に上っている既知の人や事物であり，時にはそれらを対比的に述べるのにも用いられる。

主題　　　　叙述

<主　題 + 主語(S) + 述語(P)>

“你 买 票 了 吗?” “<u>票</u> 我 还 没(有) 买。”
“Nǐ mǎi piào le ma?” “Piào wǒ hái méi(you) mǎi.”

[「あなたは切符を買いましたか？」「切符はまだ買っていません。」]

“你 去 上海 吗?” “<u>北京</u> 我 去，<u>上海</u> 我 不 去。”
“Nǐ qù Shànghǎi ma?” “Běijīng wǒ qù, Shànghǎi wǒ bú qù.”

[「あなたは上海に行きますか？」「北京には行きますが，上海には行きません。」]

### 6.5　所在動詞“在”

動詞“在”は，特定の人や事物がどこに位置するか（所在）を表すのに用いられる。「（～は）…にいる／（～は）…にある」。

～は　　いる／ある　　…に

<人・事物 + “在” + 場所表現>

主語(S)　　動詞(V)　　目的語(O)

李 老师 在 新华 书店。
Lǐ lǎoshī zài Xīnhuá Shūdiàn.

［李先生は新華書店（書店名）にいらっしゃる。］

她 不 在 上海。
Tā bú zài Shànghǎi.

［彼女は上海にいない。］

请问， 售票处 在 哪儿？
Qǐngwèn, shòupiàochù zài nǎr?

［お尋ねしますが，切符売り場はどこにありますか？］

## 6.6 指示詞(2)——“这儿”“那儿”“哪儿”

“这儿”“那儿”“哪儿”は場所を指し示す指示詞である。これには“这里”“那里”“哪里”という別の形式もある。

<table>
<tr><th colspan="2">近称</th><th colspan="2">遠称</th><th>不定称（疑問詞）</th></tr>
<tr><td colspan="2">这儿／这里<br>zhèr ／ zhèli</td><td colspan="2">那儿／那里<br>nàr ／ nàli</td><td>哪儿／哪里<br>nǎr ／ nǎli</td></tr>
<tr><td>ココ</td><td colspan="2">ソコ</td><td>アソコ</td><td>ドコ</td></tr>
</table>

◉“哪里”は実際には＜第 2 声＋軽声＞で発音される。

“你 去 哪儿？”“我 去 美术馆。”
“Nǐ qù nǎr?” “Wǒ qù měishùguǎn.”

［「あなたはどこに行くのですか？」「私は美術館に行きます。」］

这儿 很 凉快。
Zhèr hěn liángkuai.

［ここは涼しいなあ。］

## ◎ 読解のヒント ◎

### 6.1　副詞“太”

程度副詞の一つで，程度がきわまって高いことを表す。「本当に(…である)；あまりにも（…である)；ひどく（…である)；(…）すぎる」。しばしば文末に語気助詞の“了”を伴う（→『中国語Ⅱ』文法のポイント 10.1)。

＜“太”＋動詞(V)／形容詞（＋“了”)＞

他 太 了解 她 了。
Tā tài liǎojiě tā le.
［彼は彼女のことを本当によく分かっている。］

他们 都 太 不 像话 了。
Tāmen dōu tài bú xiànghuà le.
［彼らはみんなまったく話にならない。］

◉“不太～”が部分否定（「それほど～ではない」）であるのに対し，この“太不～”（「まったく～ではない」）は全否定である。

### 6.2　短い時間幅を表す“一会儿”

“一会儿”は「ほんのしばらく；わずかな時間」という短い時間幅を表すが，以下のような用法がある。

①＜主語(S)＋動詞(V)＋“一会儿”＞
動詞句

動詞の後ろに用いて，動作の持続時間を表す。

你 先 歇 一会儿 吧。
Nǐ xiān xiē yíhuìr ba.
［まずはしばらく休んでください。］

②<“一会儿”＋主語(S)＋動詞(句)>／<主語(S)＋“一会儿”＋動詞(句)>

文頭もしくは動詞の前に用いて，短い経過時間のあと，ある動作・行為が行われることを表す。「しばらくすると…」。

他 一会儿 就 回来 吧。
Tā yíhuìr jiù huílai ba.

［彼はすぐに戻ってくるでしょう。］

◉本例文のように動詞の前にはしばしば副詞の“就”［すぐに；早くも］が用いられる。

## 【練習問題】(作文)

Ⅰ．語気助詞“了”〖T.6.1〗

① 私はお腹が空き〔饿 è〕ました。

② 木々の葉っぱが赤く〔红 hóng〕なった。

③ 彼女がやってきた。

④ シャオホンは小学生〔小学生 xiǎoxuéshēng〕になった(「～である」は動詞“是 shì”を用いる。→学習のテーマ 7.6)。

⑤ 部隊〔部队 bùduì〕はもう出発し〔出发 chūfā〕た。

⑥ 彼はとっくに〔早就 zǎojiù〕本を返し〔还 huán〕ました。

⑦ ずっと〔一直 yìzhí〕身体〔身体 shēntǐ〕の調子がよかったが，しかし〔可 kě〕最近はあまり調子がよくない。

⑧ みんな〔大家 dàjiā〕は話す〔说话 shuōhuà〕のをやめた。

Ⅱ．語気助詞“呢”〖T.6.3〗

① 今年の春〔春天 chūntiān〕は少し寒いですね。

② 彼女は，それはそれは〔可 kě〕(肝っ玉〔胆子 dǎnzi〕が大きい→) 度胸が据わっているんですよ。

③ 彼はちょうど〔正在 zhèngzài〕電話をし〔打电话 dǎ diànhuà〕ているところです。

④ 「徐逸は？」「彼はトイレに行っ〔上厕所 shàng cèsuǒ〕ています。」

Ⅲ．主題化構文〖T.6.4〗

① 「あなたは本を買いますか？」「本は買いません。ペンを買います。」

② あの自転車〔那辆自行车 nèi liàng zìxíngchē〕はもう乗る〔骑 qí〕のはやめだ。

③ 鶏肉〔鸡肉 jīròu〕は食べますが，豚肉〔猪肉 zhūròu〕は食べません。

④ 「フランス語〔法语 Fǎyǔ〕を学んでいますか？」「ドイツ語〔德语 Déyǔ〕は学んでいますが，フランス語は学んでいません。」

Ⅳ．所在動詞“在”〖T.6.5〗

① 彼はあなたのところ〔你那儿 nǐ nàr〕にいますか？

② 彼女は長沙にいません。

③ 我が家〔我家 wǒ jiā〕はもともと〔原来 yuánlái〕武漢にあった。

④ あの店〔店 diàn〕はいまはもうなくなってしまった。

Ⅴ．指示詞(2)——“这儿”“那儿”“哪儿”〖T.6.6〗

① あなたは（どことどこに→）どんなところに行くのですか？

② 行きましょう！　急いで〔快 kuài〕ここを離れ〔离开 líkāi〕ましょう！

③ 彼らもあそこに住ん〔住 zhù〕でいるのですか？

④ あなたはしょっちゅう〔经常 jīngcháng〕こちらにいらっしゃるのでしょ。

Ⅵ．副詞“太”〖H.6.1〗

① 昨日は暑すぎました。

② あなたに心から感謝いたします〔感谢 gǎnxiè〕。

③ 私はこれらの料理はあまり好きではない。

④ 彼女はあまりにも無防備だ！（“小心 xiǎoxīn”［注意深い］を用いて）

Ⅶ．短い時間幅を表す“一会儿”〖H.6.2〗

① しばらくおしゃべりし〔闲谈 xiántán〕ましょうよ。

② ちょっとおかけになっ〔坐 zuò〕てください。

③ （しばらくたったそのあとで〔再 zài〕→）しばらくしてからあなたにお話しし〔告诉 gàosu〕ます。

④ 少ししてからもう一度〔再 zài〕来てください。

# 第 7 課　新旧交融(2)——名詞句の構造

Wáng Xīnxīn:　Xú yì, zhè shì shénme?

Xú Yì:　Zhè shì yì kuǎn xīnshì de xiàngjī.

Wáng Xīnxīn:　Zhème xiǎo! Shì pāi shìpín de ma?

Xú Yì:　Shìde. Zhèi kuǎn xiàngjī shì Zhōngguó gōngsī de chǎnpǐn.

Wáng Xīnxīn:　Zhè shì nǐ mǎi de ma?

Xú Yì:　Búshì, zhè shì wǒ gēge mǎi de. Wǒ de yǐjing huài le.

Wáng Xīnxīn:　Duōshao qián yì tái?

Xú Yì:　Qī wàn duō Rìyuán.

王欣欣：徐逸，这是什么？

徐　逸：这是一款新式的相机。

王欣欣：这么小！是拍视频的吗？

徐　逸：是的。这款相机是中国公司的产品。

王欣欣：这是你买的吗？

徐　逸：不是，这是我哥哥买的。我的已经坏了。

王欣欣：多少钱一台？

徐　逸：七万多日元。

## 語　釈

1 shì　是　［動詞］→学習のテーマ 7.6

2 kuǎn　款　［量詞］▶事物を様式・タイプに着目して数えるのに用いる。→学習のテーマ 7.1

xīnshì　新式　［形容詞］新型である。▶これを「属性詞」という別の品詞と考え，形容詞と区別する考え方もある。→『中国語 II』読解のヒント 2.2

de　的　［助詞］→学習のテーマ 7.2

xiàngjī　相机　［名詞］カメラ。

3 zhème　这么　［指示詞］→学習のテーマ 7.7

xiǎo　小　［形容詞］小さい。

de　的　［助詞］→学習のテーマ 7.5

4 shìde　是的　はい；そうです。▶“是”を用いた当否疑問文や正反疑問文（→学習のテーマ 5.4，4.3）に対する肯定の返事として用いる。単に“是”を用いる場合もある。なお，否定の場合は“不是 búshì”を用いる（下文）。

Zhōngguó　中国　［固有名詞］中国。

gōngsī　公司　［名詞］会社；企業。▶名詞句“中国公司”（「中国企業」）の構造については，学習のテーマ 7.3 を参照。

chǎnpǐn　产品　［名詞］生産物；製品。

5 mǎi　买　［動詞］買う；購入する。

6 gēge　哥哥　［名詞］兄。▶親族名称の一つ。なお，名詞句“我哥哥”（「私の兄」）の構造については，学習のテーマ 7.4 を参照。

yǐjing　已经　［副詞］すでに；もう。

huài　坏　［動詞］壊れている；傷(いた)んでいる。

7 duōshao　多少　［疑問数詞］→読解のヒント 7.1

qián　钱　［名詞］お金；お代。

tái　台　［量詞］～台。▶機器・設備類の数を数えるのに用いる。→学習のテーマ 7.1，読解のヒント 7.2

8 wàn　万　［数詞］万。▶第 4 課「数の表現」を参照（56 頁）。

duō　多　［数詞］→読解のヒント 7.3

Rìyuán　日元　［名詞］円；日本円。

## 学習のテーマ

### Ⅰ．名詞句の構造

名詞を中心とするフレーズを名詞句という。名詞句の中には，名詞を中心語（被修飾語）とする連体修飾構造が含まれる。

#### 7.1　数量詞からなる名詞句

人や事物の数量を表現する場合は，量詞を用いる。量詞は日本語の助数詞に相当する品詞である。

修飾語　　中心語
<数詞＋量詞＋名詞>
名　詞　句

一 条 围巾 ［1 本のマフラー］
yì tiáo wéijīn

◉“条”は細く長く伸びるものや，しなやかなイメージを与えるものの数を数えるのに用いる。

三 张 地图［3 枚の地図］
sān zhāng dìtú

◉“张”は紙状のものや平面部をもった家具などの数を数えるのに用いる。

五 家 餐厅 ［5 軒のレストラン］
wǔ jiā cāntīng

◉“家”は家庭・商店・企業などの数を数えるのに用いる。

七 把 刀［7 本のナイフ］
qī bǎ dāo

◉“把”は柄（え）や取っ手のある道具類の数を数えるのに用いる。

八 辆 汽车［8台の車］
bā liàng qìchē

◉"辆"は自動車・自転車等の数を数えるのに用いる。

＜数詞＋量詞＞の構造を「数量詞」という。数量詞は名詞の修飾語となるだけではなく，単独で用いることもできる。

＜数詞＋量詞（＋名詞）＞

"你 吃 几 碗 米饭?""我 吃 三 碗。"
"Nǐ chī jǐ wǎn mǐfàn?" "Wǒ chī sān wǎn."

［「あなたはご飯を何杯食べますか？」「私は3杯食べます。」］

◉"碗"は碗状のものに入っている食べ物の数を数えるのに用いる。
◉"几"は10未満の数を尋ねるのに用いられる疑問数詞。→読解のヒント10.1

人や物を指し示す指示詞"这／那／哪"は，一般に数量詞と組み合わせて用いられる（→学習のテーマ2.5）。ただし，数詞が「1」のときは，"一"はしばしば省略されて＜指示詞＋量詞＋名詞＞の形となり，「この～／その～／あの～／どの～」という意味を表す（なお，このとき"zhè／nà／nǎ"は，しばしば"zhèi／nèi／něi"と発音される）。

修飾語　中心語
＜指示詞（＋数詞）＋量詞＋名詞＞
名詞句

这 一 条 围巾 → 这 条 围巾
zhè yì tiáo wéijīn　zhèi tiáo wéijīn

［この1本のマフラー］　［このマフラー］

那 一 张 地图 → 那 张 地图
nà yì zhāng dìtú　nèi zhāng dìtú

［あの1枚の地図］　［あの地図］

哪 一 家 餐厅 → 哪 家 餐厅
nǎ yì jiā cāntīng → něi jiā cāntīng
［どの1軒のレストラン］　［どのレストラン］

这 两 双 袜子［この2足の靴下］
zhè liǎng shuāng wàzi

◉“双”は一対をなすものの数を数えるのに用いる。

那 三 口 井［あの3つの井戸］
nà sān kǒu jǐng

◉“口”は人・家畜・鍋などの口のついているものの数を数えるのに用いる。

指示詞が被さった名詞句も，やはり修飾語だけを独立させて用いることができる。

“你 买 哪 张 地图?”“我 买 那 张。”
“Nǐ mǎi něi zhāng dìtú?” “Wǒ mǎi nèi zhāng.”
［「あなたはどの地図を買いますか？」「私はあれを買います。」］

## 7.2 “的”を用いる名詞句

以下のそれぞれの語（フレーズ）は，後ろに“的”を伴うことで連体修飾語となり，名詞句を構成することができる。

①＜名詞(句)／代名詞＋“的”（修飾語）＋名詞（中心語）＞

徐 逸 的 哥哥［徐逸の兄］
Xú Yì de gēge

北京 的 胡同［北京のフートン（横丁）］
Běijīng de hútòng

队员　的 信 [隊員の手紙]
duìyuán de xìn

老师 的 办公室 [先生の研究室]
lǎoshī de bàngōngshì

我 的 课本 [私の教科書]
wǒ de kèběn

他 的 书架 [彼の本棚]
tā de shūjià

②<動詞(句)+“的”+名詞>（修飾語：動詞(句)+“的”／中心語：名詞）

搞 学问 的 人 不 多 了。
Gǎo xuéwèn de rén bù duō le.

[学問をやる人は少なくなってしまった。]

我 一直 有 住 四合院 的 愿望。
Wǒ yìzhí yǒu zhù sìhéyuàn de yuànwàng.

[私には四合院に住むという願望がずっとある。]

③<形容詞(句)+“的”+名詞>（修飾語：形容詞(句)+“的”／中心語：名詞）

忙 的 人 不 来，不 忙 的 人 来。
Máng de rén bù lái, bù máng de rén lái.

[忙しい人は来ず，忙しくない人は来る。]

◉程度副詞を伴わず形容詞を単独で用いると，対比の意味を表す。

这 世界 不 公平 的 事 多着呢。
Zhè shìjiè bù gōngpíng de shì duōzhene.

[この世界には不公平なことが実に多いものですよ。]

◉<形容詞+“着呢”>で，話し手の間違いなくそうであるという気持ちを表す。時に誇張の語気を含む。

## 7.3　名詞が直接結びつく名詞句

次のような場合，二つの名詞（もしくはそれに準ずる語）が直接結びついて，名詞句を構成することができる。

①＜属性(分類)＋人／事物＞
　　名詞　　　名詞

前の名詞が後ろの名詞の属性（あるいは同類の人や事物の中における分類）を表す場合。

语文　老师［国語教師］
yǔwén lǎoshī

越南　　朋友［ベトナム人の友人］
Yuènán péngyou

湖南　特产［湖南省の特産品］
Húnán tèchǎn

大爷 脾气［旦那気質］
dàyé píqi

公共　　汽车［乗り合いバス；路線バス］
gōnggòng qìchē

②＜人／事物＋空間表現＞
　　名詞　　方位詞／指示詞

人や事物を表す名詞の後ろに，それが位置する空間を表す名詞表現が続く場合。

小王　　　对面［王さんの向かい］
Xiǎo-Wáng duìmiàn

公园　　旁边儿［公園のそば］
gōngyuán pángbiānr

◉以上の＜名詞＋方位詞＞の構造については，学習のテーマ11.1も参照。

学校　附近［学校の辺り］
xuéxiào fùjìn

我 这儿［(私＋ここ→) 私のところ］
wǒ zhèr

她 那儿［(彼女＋あそこ→) 彼女のところ］
tā nàr

## 7.4　代名詞からなる名詞句

人称代名詞は，家族・親族や友人関係（親族名称等），あるいは自分がその構成員となっている組織（所属先）を表す名詞と直接結びついて，名詞句を構成することができる。

修飾語　中心語
＜人称代名詞＋親族名称等／所属先＞
名詞句

我 爸爸［私の父］　她 妹妹［彼女の妹］　你 女朋友［君の彼女］
wǒ bàba　tā mèimei　nǐ nǚpéngyou

我 家［私の家］　你们 学校［あなた方の学校］
wǒ jiā　nǐmen xuéxiào

我们 公司［我々の会社］
wǒmen gōngsī

## 7.5　名詞として機能する“的”フレーズ

動詞（句）および形容詞（句）は後ろに助詞“的”を伴うことで,「～の人；～のもの」という意味の名詞相当の機能をもつフレーズとなる。

＜動詞(句)＋“的”＞

现在 唱 的 是 《东方红》。
Xiànzài chàng de shì «Dōngfānghóng».

［いま歌っているのは「東方紅」(現代中国の著名な革命歌）です。］

＜形容詞(句)+“的”＞

好看　的我　想　看，不　好看　的不　想　看。
Hǎokàn de wǒ xiǎng kàn, bù hǎokàn de bù xiǎng kàn.

［面白いものは読みたいが，面白くないものは読みたくない。］

◉“想”は「～したい」という意味を表す能願動詞。→学習のテーマ 10.1

なお，＜名詞(句)／代名詞+“的”＞も同様に「～の人；～のもの」という意味を表す。

## Ⅱ．その他のポイント

### 7.6 “是”を用いる動詞述語文

動詞“是”は，主語が表す人や事物について，説明や断定的判断を表す際に用いられる。「(～は)…である；(～は)…だ」。

述語(P)
＜主語(S)+“是”+目的語(O)＞
動詞句

我　是　大学生。
Wǒ shì dàxuéshēng.

［私は大学生です。］

徐　逸　不　是　山东　人。
Xú Yì bú shì Shāndōng rén.

［徐逸は山東出身ではありません。］

他　是　你　男朋友　吧?
Tā shì nǐ nánpéngyou ba?

［彼はあなたのボーイフレンドでしょ？］

学習のテーマ 2.5 で述べたように，人や物を指し示す指示詞“这”と“那”は，一般に“是”を用いた動詞述語文の主語として単独で用いることができる。

“这 是 四合院儿 吗？” “对。”
“Zhè shì sìhéyuànr ma?” “Duì.”
［「これは四合院ですか？」「はい，そうです。」］

那 是 什么 地方?
Nà shì shénme dìfang?
［それはどういう場所ですか？］

## 7.7 指示詞(3)——“这么”“那么”“多(么)”

“这么”“那么”“多(么)”は，人や事物の性質・状態あるいは数量などについて，その程度を指し示す指示詞である。

<table>
<tr><th colspan="2">近称</th><th colspan="2">遠称</th><th>不定称(疑問詞)</th></tr>
<tr><td colspan="2">这么<br>zhème</td><td colspan="2">那么<br>nàme</td><td>多(么)<br>duō(me)</td></tr>
<tr><td>コンナニ</td><td colspan="2">ソンナニ</td><td>アンナニ</td><td>ドンナニ</td></tr>
</table>

◉文中では副詞相当の連用修飾語として用いられる。

＜“这么／那么／多(么)”＋形容詞＞

今天 社会 怎么 这么 复杂 啊!
Jīntiān shèhuì zěnme zhème fùzá a!
［今日，社会はどうしてこんなに複雑なんだ！］

◉“怎么”は原因・理由を問う疑問詞。→読解のヒント 9.2

事情 就 不 那么 简单 了。
Shìqing jiù bú nàme jiǎndān le.
［事情はそれほど単純ではなくなった。］

疑問文には一般に“多”が用いられる。“多”は“远 yuǎn”［遠い］，“高 gāo”［高い］，“大 dà”［大きい］，“长 cháng”［長い］，“厚 hòu”［厚い］，“宽 kuān”［広い］，“重 zhòng”［重い］，“粗 cū”［太い］などの形容詞の前に用いられ，程度やスケール（度量衡）を問う表現を作る。前に動詞“有”が用いられ，<“有”+“多”+形容詞>の形となることもある。

<(“有”+)“多”+形容詞>

上海　离　北京　多　远？
Shànghǎi lí Běijīng duō yuǎn?

［上海は北京からどれくらいの遠さですか？］

◉“离”は隔たりの基点を導く前置詞で，「～から」という意味を表す。➝学習のテーマ13.1

“这　根　绳子　有　多　长?”　“有　两　尺　长。”
“Zhèi gēn shéngzi yǒu duō cháng?” “Yǒu liǎng chǐ cháng.”

［「このひもはどれ位の長さですか？」「2尺(約66センチメートル)です。」］

◉「～の長さがある」ような度量衡（スケール）の表現には，<“有”+数詞+度量衡を表す量詞+形容詞>の形が用いられる。

一方,“多么”はしばしば感嘆文に用いられる(“多”にも同様の用法がある)。

北京　的　秋天，　天空　多(么)　晴朗　啊!
Běijīng de qiūtiān, tiānkōng duō(me) qínglǎng a!

［北京の秋は，空がどんなに明るく晴れ渡っていることだろう！］

## ◎ 読解のヒント ◎

### 7.1 疑問詞“多少”

疑問詞疑問文に用いて，10 以上の未知の数量・序数を問う。

你 的 薪水 是 多少?
Nǐ de xīnshui shì duōshao?

［あなたのお給料はどれくらいですか？］

◉単独で用いた場合。

一 个 人 一 年 吃 多少 粮食?
Yí ge rén yì nián chī duōshao liángshi?

［(ひとりの人間が一年で→) 一人当たり年間どれくらいの食糧を食べるだろうか？］

◉＜“多少”＋名詞＞での用法。

你 每天 背 多少 个 单词?
Nǐ měitiān bèi duōshao ge dāncí?

［あなたは毎日単語いくつを暗記していますか？］

◉＜“多少”＋量詞＋名詞＞での用法。

### 7.2 単価の表現

「～一つにつき○元」のような単価の表現は，＜価格＋“一”＋(対象となる事物の数を数える) 量詞＞の形式で表される。

《 北京 晚报 》 多少 钱 一 份儿?
«Běijīng Wǎnbào» duōshao qián yí fènr?

［『北京晚報』(北京の代表的な夕刊紙) は一部いくらですか？］

这 羊肉串儿 多少 钱 一 串儿?
Zhè yángròuchuànr duōshao qián yí chuànr?

［この羊の串焼きは 1 本いくらですか？］

## 7.3　数詞“多”

数詞“多”は,「～余り」という意味での端数があることを表す。

<位数 + “多” + 量詞>　→ 1 以上の端数

五十　多　个　人［五十数人の人］
wǔshí duō ge rén

<数詞 + 量詞 + “多”>　→ 1 未満の端数

三　里　多　路［三里余りの道のり（1“里”= 500 メートル)］
sān lǐ duō lù

## 【練習問題】(作文)

I．数量詞からなる名詞句〖T.7.1〗

① 「1ヶ月に〔一个月 yí ge yuè〕，あなたは本を何冊読みますか？」「私は5冊読みます。」(“书”の量詞は“本 běn”)

② 「朝〔早上 zǎoshang〕，あなたはコーヒー〔咖啡 kāfēi〕を何杯飲み〔喝 hē〕ますか？」「私は2杯飲みます。」(カップに入った“咖啡”の量詞は“杯 bēi”)

③ あの3本のマフラーは，私は買うのをやめます。

④ 私はこの2本の映画〔片子 piànzi〕が大好きです。(“片子”の量詞は“部 bù”)

⑤ 私たちはどのレストランに行きましょうか。

⑥ あなたはこの自転車がいらな〔不要 bú yào〕くなったのですね。

⑦ 「彼はどのタイプの携帯電話〔手机 shǒujī〕が欲しいのですか？」「このタイプです。」

⑧ どちらの方が王先生〔王老师 Wáng lǎoshī〕ですか？(複数いる人物の中から，どの人物が王先生かを尋ねる場合。なお，人を敬意をもって数えるときの量詞は“位 wèi”)

II．“的”を用いる名詞句〖T.7.2〗

① 最近，君の仕事はどうだい〔怎么样 zěnmeyàng〕？

② 彼らは自分たち〔自己 zìjǐ〕の一人娘〔独生女 dúshēngnǚ〕を溺愛し〔疼爱 téng'ài〕ている。

③ これは出版さ〔出版 chūbǎn〕れたばかりの本です。(「～したばかり」は動詞の前に副詞“刚 gāng”を用いて表す)

④ あなたの飲んだコーヒーはおいしかっ〔好喝 hǎohē〕たですか？

⑤ 彼は本当に勇敢な人間だ。(人を数える量詞“个 ge”を用いる)

⑥ あの(性格〔性格 xìnggé〕が明るい〔开朗 kāilǎng〕→) 明るい性格の若者〔小伙子 xiǎohuǒzi〕は，冗談を言う〔开玩笑 kāi wánxiào〕のが本当に好きだ〔爱 ài〕。

Ⅲ．代名詞からなる名詞句〚T.7.4〛

① （一昨日〔前天 qiántiān〕，兄は北京へ行ってしまった→）一昨日から兄は北京へ行っている。

② こちらがあなたのガールフレンドですか？

③ 昨年〔去年 qùnián〕，うちの職場〔单位 dānwèi〕は破産し〔破产 pòchǎn〕た。

④ ご子息〔親族名称としての「息子」は“儿子 érzi”〕は何のお仕事をなさっているのですか？

Ⅳ．名詞として機能する“的”フレーズ〚T.7.5〛

① 消費者〔消费者 xiāofèizhě〕が買うのは商品〔商品 shāngpǐn〕である。

② 中国人は火の通っている〔熟 shú〕ものを食べるのが好きだが，日本人は生の〔生 shēng〕ものを食べるのが好きである。

③ この本を買った人は多いですか？

④ 「世界〔世界 shìjiè〕は君たちのものだが，我々のものでもある。しかし〔但是 dànshì〕，最終的には〔归根结底 guī gēn jié dǐ〕は君たちのものなのだ。」（1957年，モスクワ大学における毛沢東の演説の一節）

Ⅴ．“是”を用いる動詞述語文〚T.7.6〛

① 王欣欣は留学生ですか？

② ここは頤和園です。

③ 彼らはみんな農民〔农民 nóngmín〕でしょう。

④ 私はこれが（偶然のこと〔偶然的 ǒurán de〕→）偶然ではないことを知っています。

Ⅵ．指示詞(3)——“这么”“那么”“多（么）”〚T.7.7〛

① 天気〔天气 tiānqì〕がこんなに暑いから，今日は出かける〔走 zǒu〕のをやめにします。

② 身体の調子がそんなにいいなんて，本当にうらやましい〔羡慕 xiànmù〕。

③ 人がこんなに多いとは思ってもみなかった〔没想到 méi xiǎngdào〕。

④　当時〔当时 dāngshí〕，中国人が外国に行く〔出国 chūguó〕のはそれほど簡単ではなかった。

⑤　「彼は今年何歳ですか？」「35 歳です。」（年齢を数える際に用いる量詞は“岁 suì”）

⑥　「あなたの身長はどれくらいですか？」「身長〔身高 shēngāo〕は 1 メートル〔米 mǐ〕71 センチです。」

⑦　小学生〔小学生 xiǎoxuéshēng〕の勉強〔学习 xuéxí〕の負担〔负担 fùdān〕は（どれほどの重さ→）どれほどの大きさだろうか？

⑧　ごらん，この幹〔树干 shùgàn〕のなんと太いこと！（“树干”の量詞は“根 gēn”）

Ⅶ．疑問詞“多少”〖H.7.1〗

①　私たちはいくつ買いましょうか？

②　あなたは漢字〔汉字 Hànzì〕をいくつ知っていますか？

③　彼の部屋〔房间 fángjiān〕は何号室ですか？（事物の順序を数える際に用いる量詞は“号 hào”）

④　「この研究所〔研究所 yánjiūsuǒ〕にはどれくらいの外国人専門家〔外国专家 wàiguó zhuānjiā〕がい〔有 yǒu〕ますか？」「100 人の外国人専門家がいます。」

### ❖金銭の表現❖

金銭の表現は通貨の単位を量詞として用い，〈数詞＋量詞＋“钱 qián”〉の形で表される数量詞名詞句の一種である（→学習のテーマ7.1）。ただし，「お金」を意味する名詞“钱”はしばしば省略される。

中国の通貨の単位は，大きい順に“圆(元)yuán”，“角 jiǎo”，“分 fēn”の三つに分かれるが，話しことばでは“圆(元)”，“角”の代わりに一般にはそれぞれ“块 kuài”，“毛 máo”を用いる。

いま話しことばからいくつか例を挙げてみる。

| | |
|---|---|
| 2元 | 两 块（钱）<br>liǎng kuài (qián) |
| 7.4元 | 七 块 四（毛）（钱）<br>qī kuài sì (máo) (qián) |
| 7.44元 | 七 块 四 毛 四（分）（钱）<br>qī kuài sì máo sì (fēn) (qián) |
| 7.04元 | 七 块 零 四 分（钱）<br>qī kuài líng sì fēn (qián) |

（　）は省略可能であることを表す。“钱”がしばしば省略されることはすでに述べたが，その他にも，例えば7.4元や7.44元を“七块四”や“七块四毛四”と表現することもできる。これは末尾の単位“毛”・“分”が省略された形である。ただし，7.04元のように途中の位（“毛”または“角”）が跳んでいる場合には末尾の“分”を省略することはできず，その際は「位が跳んでいる」ことを表す“零”がしばしば挿入される。

# 第 8 課　新旧交融(3)
## ——動詞接尾辞〈完了・持続・経験〉

Xú Yì: Wǒmen dào Diàndǎo le! Nǐ láiguo zhèr ma?

Wáng Xīnxīn: Méi láiguo.

Xú Yì: Zhèr céngjīng shì yí ge yúcūn, èrshí shìjì bāshí niándài yǐhòu gàile hǎo duō gāocéng gōngyù.

Wáng Xīnxīn: Shì zhèyàng a. Xiànzài yǐjing huànrán yì xīn le.

Xú Yì: Nǐ kàn, nèi xiē jiànzhù hái bǎoliúzhe dāngnián de miànmào.

Wáng Xīnxīn: Dōngjīng kě zhēn shì yí ge xīnlǎo jiāoróng de chéngshì.

Xú Yì: Hǎo, xiànzài kāishǐ pāishè!

徐　逸：我们到佃岛了！你来过这儿吗？

王欣欣：没来过。

徐　逸：这儿曾经是一个渔村，二十世纪八十年代以后盖了好多高层公寓。

王欣欣：是这样啊。现在已经焕然一新了。

徐　逸：你看，那些建筑还保留着当年的面貌。

王欣欣：东京可真是一个新老交融的城市。

徐　逸：好，现在开始拍摄！

## 語　釈

1 Diàndǎo　佃島　［固有名詞］佃島(つくだじま)。▶東京都中央区の地名。
-guo　V过　［動詞接尾辞］→学習のテーマ 8.1
zhèr　这儿　［指示詞］→学習のテーマ 6.6
2 méi　没　［副詞］→学習のテーマ 8.1 および 8.3
3 céngjīng　曾经　［副詞］かつて（～したことがある）;以前（～であった）。
ge　个　［量詞］▶専用の量詞をもたない名詞に対して汎用される一般的な量詞。
yúcūn　渔村　［名詞］漁村。
shìjì　世纪　［量詞］～世紀。▶時代区画としての「世紀」の数を数えるのに用いる。
niándài　年代　［名詞］年代。▶各世紀を十年ごとに区切った時代区画の呼称として用いる。
yǐhòu　以后　［時間詞］以後；その後；今後。▶現時点，もしくは過去・未来のある時点よりも後ろの時間を指す。
gài　盖　［動詞］（家などの建築物を）建てる。
4 -le　V了　［動詞接尾辞］→学習のテーマ 8.2
hǎo　好　［副詞］（程度の甚だしいことや数量の多いことを強調し）とても；ずいぶん。▶形容詞や数量詞の前に用いられる。
duō　多　［形容詞］多い。
gāocéng gōngyù　高层公寓　高層マンション。
5 zhèyàng　这样　［指示詞］→学習のテーマ 8.4
huànrán yì xīn　焕然一新　面目を一新する。
6 xiē　些　［量詞］いくつか；いくらか；少し。▶（少量の）不定量を表す。“那些～”で「あれらの～」の意。→学習のテーマ 2.5
jiànzhù　建筑　［名詞］建築物；建物。
bǎoliú　保留　［動詞］残す；とどめる。
-zhe　V着　［動詞接尾辞］→学習のテーマ 8.3

**dāngnián　当年**　［名詞］当時；往年；昔。

**miànmào　面貌**　［名詞］様相；姿。

7 **Dōngjīng　东京**　［固有名詞］東京。▶地名。

**kě　可**　［副詞］（平叙文に用いて）確かに～である；本当に～する。

**xīnlǎo　新老**　［名詞］新旧；新しいものと古いもの；今と昔。＝“新旧 xīnjiù”

**chéngshì　城市**　［名詞］都市。

8 **hǎo　好**　［形容詞］よし；さあ；もういい。▶形容詞“好”には話を打ち切りたい気持ちを表す感嘆詞のような用法がある（他にも同意〔よしよし；はいはい〕や不満・詰問〔やれやれ；なんということだ〕といった気持ちを表す）。このとき，しばしば後ろに語気助詞“了”を伴う。

**kāishǐ　开始**　［動詞］始める；取りかかる。

## 学習のテーマ

### I．動詞接尾辞

中国語におけるアスペクト（時間軸に沿って遂行される動作を，ある瞬間で切り取ってその様相を表現したもの）を表現する手段の一つに動詞接尾辞がある。動詞接尾辞によって表されるアスペクトには，経験・完了・持続の3種類がある。

#### 8.1　経験を表す“过”

動詞接尾辞の“过”は，問題となる時点において，動詞が表す動作が**経験済み**であることを表す。

<動詞(V)-“过”（＋目的語(O)）>

我　以前　学过　汉语。
Wǒ yǐqián xuéguo Hànyǔ.
［私はむかし中国語を勉強したことがある。］

这　本　书　你　从前　看过　吗？
Zhèi běn shū nǐ cóngqián kànguo ma?
［この本をあなたはこれまで読んだことがありますか？］

我　还　记得　那时　听过　的　歌。
Wǒ hái jìde nàshí tīngguo de gē.
［私はあのとき聴いた歌をまだ覚えています。］

経験の否定には，動詞の前に副詞“没有 méiyou”（第2音節は軽声）または“没 méi”を用いる。

<“没(有)”+動詞(V)-“过”（+目的語(O)）>

上海　我　去过，　杭州　没(有)　去过。
Shànghǎi wǒ qùguo, Hángzhōu méi(you) qùguo.
［上海には私は行ったことがあるが，杭州は行ったことがない。］

## 8.2 完了を表す“了”

動詞接尾辞の“了”は，問題となる時点において，動詞が表す動作の実現過程が**完了**していることを表す。

<動詞(V)-“了”+数量表現+目的語(O)>

◉目的語を伴う場合，その目的語はしばしば数量表現の修飾を受ける。数量表現によって実現過程の終着点が明示され，そこまでの動作が完了済みであることを表す。

小红　吃了　两　根　油条。
Xiǎohóng chīle liǎng gēn yóutiáo.
［シャオホン（子どもの名前）は揚げパンを 2 本食べた。］

九十　年代　她　写了　三　本　小说。
Jiǔshí niándài tā xiěle sān běn xiǎoshuō.
［90 年代，彼女は小説を 3 冊書いた。］

最近　他　开了　一　家　书店。
Zuìjìn tā kāile yì jiā shūdiàn.
［最近彼は書店を 1 軒開いた。］

<動詞(V)-結果補語-“了”（+数量表現）+目的語(O)>

◉結果補語は動作遂行の結果を述べるものであり（→学習のテーマ 15.2），そこに“了”がつくことによって，そのような結果まで含めた実現過程が完了することを表す。

我　今天　看完了　这　本　小说。
Wǒ jīntiān kànwánle zhèi běn xiǎoshuō.
［私は今日この小説を読み終わった。］

完了の否定には，やはり動詞の前に副詞“没有 méiyou”または“没 méi”を用いる。ただし，“没（有）”を用いた動詞にさらに“了”を後接することはできない。

＜“没(有)”＋動詞(V)(＋目的語(O))＞

小红　　没(有)　吃　油条。
Xiǎohóng méi(you) chī yóutiáo.
［シャオホンは揚げパンを食べていない。］

他　还　没(有)　开　书店　呢。
Tā hái méi(you) kāi shūdiàn ne.
［彼はまだ書店を開いていませんよ。］

◉“呢”は現状を確認させる気持ちを表す語気助詞（→学習のテーマ 6.3）。

### 8.3　持続を表す“着”

動詞接尾辞の“着”は，問題となる時点において，動詞が表す動作が**持続**していること，あるいは動作が実現された結果が持続していることを表す。

＜動詞(V)-“着”（＋目的語(O)）＞

［動作の持続］

她　正　打着　手机。
Tā zhèng dǎzhe shǒujī.
［彼女はちょうど携帯電話をかけているところである。］

我　昨天　一直　惦记着　这　件　事儿　呢。
Wǒ zuótiān yìzhí diànjizhe zhèi jiàn shìr ne.
［私は昨日，そのことをずっと気にかけていました。］

［結果の持続］
今天　她　穿着　羽绒服。
Jīntiān tā chuānzhe yǔróngfú.
［今日彼女はダウンジャケットを着ている。］

候车室　里面　满　是　坐着、躺着　的　乘客。
Hòuchēshì lǐmiàn mǎn shì zuòzhe、tǎngzhe de chéngkè.
［待合室の中は，座り込んだり寝転んだりしている乗客たちでいっぱいだった。］

持続の否定にも，副詞“没有 méiyou”または“没 méi”を用いる。

［動作の持続］
＜“没(有)”＋動詞(V)（＋目的語(O)）＞

她　没(有)　打　手机。
Tā méi(you) dǎ shǒujī.
［彼女は携帯電話をかけていない。］
◉動作の持続の否定では“着”を用いない。

［結果の持続］
＜“没(有)”＋動詞(V)-“着”（＋目的語(O)）＞

今天　她　没(有)　穿着　羽绒服。
Jīntiān tā méi(you) chuānzhe yǔróngfú.
［今日彼女はダウンジャケットを着ていない。］
◉結果の持続の否定では“着”を後接することができる。

“着”の働きはある動作の存在を述べることにあるから，その動作を当該場面における一種の背景として描く働きが生まれる。特に＜動詞$_1$-“着”（＋目的語$_1$）＋動詞$_2$（＋目的語$_2$）＞という形式は，「～しながら…する；～したまま…する」（動詞$_2$が表す動作の背景として，動詞$_1$が表す動作が実行される）という意味を表すものとしてしばしば用いられる（→学習のテーマ12.1）。

看着　电视　吃饭，这　难道　是　好　习惯　吗？
Kànzhe diànshì chīfàn, zhè nándào shì hǎo xíguàn ma?

［テレビを見ながらご飯を食べることが，まさかよい習慣だということはあるまい。］

本課では三つの動詞接尾辞を学んだが，その否定にはいずれも“不”ではなく“没有”または“没”を用いる。それぞれの否定は，未経験（“过”），実現過程の未完了（“了”），動作または結果の不存在（“着”）であるが，これらはいずれも“没（有）”を用いて表される。

なお，動詞接尾辞を用いた動詞述語文の正反疑問文は，次のようになる。

肯定形　＋　否定形
他 开了　书店 没有　~~开　书店~~？
Tā kāile shūdiàn méiyou ~~kāi shūdiàn~~?

［彼は書店を開きましたか？］

◉否定形の動詞以下の部分が省略される。つまり肯定形に“没有”を加えた形となる。

## Ⅱ．その他のポイント

### 8.4　指示詞(4)——“这样”“那样”“怎(么)样”

“这样”“那样”“怎(么)样”は人や事物の性質・状態あるいは内容を指し示す指示詞である。

| 近称 | | 遠称 | | 不定称（疑問詞） |
|---|---|---|---|---|
| 这样<br>zhèyàng | | 那样<br>nàyàng | | 怎(么)样<br>zěn(me)yàng |
| コンナ(ダ)<br>コノヨウ(デアル) | ソンナ(ダ)<br>ソノヨウ(デアル) | アンナ(ダ)<br>アノヨウ(デアル) | | ドンナ(ダ)<br>ドノヨウ(デアル) |

◉文中では形容詞（もしくは状態詞）相当のことばとして用いられる。

她　现在　还是　那样。
Tā xiànzài háishi nàyàng.

［彼女はいまでもあんな具合である。］

味道　　怎么样?
Wèidao zěnmeyàng?

［味はどうですか？］

◉述語として用いることができる。

我　这样　的　年轻　人 不 多 了。
Wǒ zhèyàng de niánqīng rén bù duō le.

［自分のような若者は少なくなってしまった。］

◉助詞の“的”を伴って，後ろの名詞に対する連体修飾語になることができる。

## 【練習問題】(作文)

Ⅰ．経験を表す“过”〖T.8.1〗

① かつて〔从前 cóngqián〕彼は東京に行ったことがある。

② 焼き餃子〔锅贴儿 guōtiēr〕は食べたことがあるが，水餃子〔水饺儿 shuǐjiǎor〕は食べたことがない。

③ あの本を読んだことがある人は多いですか？

④ 「あなたはフランス語と〔和 hé〕ロシア語，どちらも学んだことがありますか？」「フランス語は学んだことがありますが，ロシア語はありません。」

Ⅱ．完了を表す“了”〖T.8.2〗

① 彼女は乗車券〔车票 chēpiào〕を５枚買った。

② 今朝〔今天早上 jīntiān zǎoshang〕，私は牛乳〔牛奶 niúnǎi〕を２杯飲んだ。

③ 彼はあの映画を見ました。

④ 今日，故宮〔故宫 Gùgōng〕を見学し〔参观 cānguān〕ました。

⑤ 私たちは食事が終わったら，美術館〔美术馆 měishùguǎn〕に行きましょうよ。

⑥ 私はご飯を食べました。

⑦ 彼女はまだ乗車券を買っていません。

⑧ 私はご飯をまだ食べていません。

Ⅲ．持続を表す“着”〖T.8.3〗

① 私たちはちょうどその三つの課題〔课题 kètí〕について検討し〔研究 yánjiū〕ているところです。

② そのとき〔那时 nàshí〕，老人〔老人 lǎorén〕は土地改革〔土改 tǔgǎi〕の物語〔故事 gùshi〕を語っ〔讲 jiǎng〕ていた。

③ 彼はあなたを待っていませんよ。

④ こんなに寒いのに，彼女はコート〔外衣 wàiyī〕を着ていませんよ。

⑤ 「彼は寝っ転がっ〔躺 tǎng〕ているんだろ？」「寝ていません。座っていま

すよ。」

⑥ 「窓〔窗户 chuānghu〕は開いているの？」「開いていません。」

⑦ 座ってお話し〔谈 tán〕ましょう。

⑧ 張主任〔主任 zhǔrèn〕は一枚の地図〔地图 dìtú〕を手にし〔拿 ná〕て，経済発展〔经济发展 jīngjì fāzhǎn〕の現状〔现状 xiànzhuàng〕を説明した。

Ⅳ. 指示詞(4)——“这样”“那样”“怎(么)样”〚T.8.4〛

① 彼はしょっちゅうこんなふうだから，私はもう慣れ〔习惯 xíguàn〕てしまった。

② 実際の情況〔实际情况 shíjì qíngkuàng〕は実は〔并 bìng〕こうではない。

③ 僕は喉が渇〔渴 kě〕いたけど，君はどうだい？

④ お父さん，あなたはどう思わ〔看 kàn〕れますか？

# 第9課　城市空间(1)——動詞句の構造

| | |
|---|---|
| Xú Yì: | Nǐ shénmeshíhou láide Rìběn? |
| Wáng Xīnxīn: | Sān nián qián. Lái Rìběn yǐhòu, xiān shàngle yì nián Rìyǔ bǔxíbān, ránhòu kǎoshàngle dàxué. Nǐ ne? |
| Xú Yì: | Chàbuduō. Wǒ láile sān nián bàn le. |
| Wáng Xīnxīn: | Nǐ zhù liúxuéshēng sùshè ba? Chúle shàngkè yǐwài, píngshí gàn shénme? |
| Xú Yì: | Wǒ jīngcháng yí ge rén guàngguang jiē, sànsan bù. |
| Wáng Xīnxīn: | Nǐ zěnme zhème xǐhuan zǒulù? |
| Xú Yì: | Yǒu jīhuì, wǒ mànmānr gàosu nǐ guàng jiē de lèqù. |

徐　逸：你什么时候来的日本?

王欣欣：三年前。来日本以后，先上了一年日语补习班，然后考上了大学。你呢?

徐　逸：差不多。我来了三年半了。

王欣欣：你住留学生宿舍吧? 除了上课以外，平时干什么?

徐　逸：我经常一个人逛逛街，散散步。

王欣欣：你怎么这么喜欢走路?

徐　逸：有机会，我慢慢儿告诉你逛街的乐趣。

## 語　釈

**kōngjiān**　**空间**　［名詞］空間。

1 **shénmeshíhou**　**什么时候**　［疑問詞］いつ。

**-de**　**V的**　［助詞］→学習のテーマ 9.1

**Rìběn**　**日本**　［固有名詞］日本。▶地名。

2 **nián**　**年**　［量詞］～年（間）。▶年数を数えるのに用いる。

**qián**　**前**　［方位詞］（時間的に）前。

**xiān～ránhòu…**　**先～然后…**　先に～（して），そのあとで…（する）；まずは～（してから），その上で…（する）。▶副詞が呼応して用いられ，動作・行為の時間的先後関係を表す。“先”は「先に；まず」，“然后”は「それから；その上で」という意味をそれぞれ表す。

**shàng**　**上**　［動詞］（勤務や学習を）行う（始める）；（職場や学校に）通う。

**Rìyǔ bǔxíbān**　**日语补习班**　日本語の予備校；日本語学校。

3 **kǎoshàng**　**考上**　（試験に）合格する。▶＜動詞＋方向補語＞の構造。なお，方向補語については学習のテーマ 15.1 を参照。また，“上”の意味と用法については『中国語Ⅱ』読解のヒント 3.3 を参照。

**dàxué**　**大学**　［名詞］大学。

4 **chàbuduō**　**差不多**　［形容詞］ほぼ同じである；似たり寄ったりである。▶“差不多”とは，「隔たりが大きくない；差があまりない」という意味を表す（“差”chà は「隔たりがある」の意）。

**-le～le**　**V了～了**　→学習のテーマ 9.2

**bàn**　**半**　［数詞］半。▶“～年半”で「～年半」という意味を表す。

5 **zhù**　**住**　［動詞］（～に）住む；宿泊する；滞在する。

**liúxuéshēng**　**留学生**　［名詞］留学生。

**sùshè**　**宿舍**　［名詞］宿舎；寄宿舎；寮。

**chúle～yǐwài**　**除了～以外**　→読解のヒント 9.1

**shàngkè**　**上课**　［動詞］授業に出席する；授業を受ける。▶離合動詞と呼ばれるタイプの動詞の一つ。語彙としては一語の動詞であるが，文法的には＜動詞＋目的語＞構造と同様の振る舞いをするものを言う。→本課末「離合動詞」・『中国語 II』文法のポイント 11.1

**píngshí**　**平时**　［名詞］日ごろ；普段。

**gàn**　**干**　［動詞］（仕事や活動を）する；やる。

7 **yí ge rén**　**一个人**　一人（で～する）。▶ここでは連用修飾語としての用法。

**guàng**　**逛**　［動詞］ぶらつく；散歩する；見学する。▶重ね型の“逛逛”については学習のテーマ 9.3 を参照。

**jiē**　**街**　［名詞］大通り；街。

**sànbù**　**散步**　［動詞］散歩する。▶離合動詞の一つ。

8 **zěnme**　**怎么**　［疑問副詞］→読解のヒント 9.2

**zǒulù**　**走路**　［動詞］（人間が）歩く。▶離合動詞の一つ。

9 **jīhuì**　**机会**　［名詞］機会;チャンス。▶ここでは“有机会，…”で，「（もしも）機会があれば，…（する）」という意味の仮定表現となっている。

**mànmānr**　**慢慢儿**　［状態詞］ゆっくりと；おいおいと（～する）。▶形容詞“慢”（「遅い；緩やかである」）の重ね型。重ね型にすることによって，形容詞は実感として捉えられた具体的な性質や状態を表現する。形容詞の重ね型の中には，この“慢慢儿”のように，第 2 音節にアクセントが置かれて第 1 声に変化し，語尾が r 化するものがある（第 14 課課文“好好儿”の語釈を参照）。なお，形容詞の重ね型の意味と用法については，『中国語 II』文法のポイント 5.1 を参照。

**gàosu**　**告诉**　［動詞］（～に…を）告げる；知らせる。▶二重目的語構文を構成できる動詞の一つ。→学習のテーマ 9.4

**lèqù**　**乐趣**　［名詞］楽しさ；楽しみ；喜び。

## 学習のテーマ

### I．動詞句の構造

動詞句は目的語の他に，動作量の表現を後ろに伴うことができる。また，一部の動詞は二つの目的語を同時に伴うことができる。

#### 9.1 “的”構文

すでに実現済みであり，かつ話し手と聞き手の双方がその実現を認識している動作・行為について，それがいつ行われたか，どこで行われたかなど，動作の実行に関与する時間・場所・方式・動作主体・動作対象などに焦点を当てて叙述を行うとき，“的”構文と呼ばれるタイプの文が用いられる。

<…（“是”）＋焦点＋動詞(V)-“的”（＋目的語(O)）>

※目的語が焦点となることもある。

“你 是 在 哪儿 上的 车？”“我 是 在 新街口 上的 车。”
“Nǐ shì zài nǎr shàngde chē?” “Wǒ shì zài Xīnjiēkǒu shàngde chē.”

[「あなたはどこでバスに乗ったのですか？」「私は新街口（北京の地名）でバスに乗りました。」]

◉相手がバスに乗った（“上的车”）ことは認識した上で，それが実行された場所を問題とする。“在”は動作・行為が行われる場所を表す前置詞。→学習のテーマ 13.1 ①

“你 今天 早上 吃的 什么？”“我 吃的 豆腐脑儿。”
“Nǐ jīntiān zǎoshang chīde shénme?” “Wǒ chīde dòufunǎor.”

[「きみは今朝何を食べたんだい？」「僕は豆腐脳を食べたよ。」（“豆腐脑儿”…豆乳をにがりで固め，調味料などを加えて食す軽食）]

◉相手の食事が終わっている（“吃的”）ことは認識した上で，その食事内容（動作対象）を問題とする。

“是 谁 做的 饭?” “是 爸爸 做的 饭。”
“Shì shéi zuòde fàn?” “Shì bàba zuòde fàn.”

[「誰が食事の支度をしたの？」「お父さんがしたんだよ。」]

◉すでに食事の支度がなされている（“做的饭”）ことは認識した上で，それを誰がしたのか（動作主）を問題とする。

肯定文では“是”は省略可能だが，否定文では省略することができない。なぜなら，“的”構文の否定形は必ず“不是～的”という形で表現されるからである。

我 在 新街口 上的 车，不 是 在 西四 上的 车。
Wǒ zài Xīnjiēkǒu shàngde chē, bú shì zài Xīsì shàngde chē.

[私は新街口でバスに乗ったのであって，西四（同じく北京の地名）で（バスに）乗ったのではありません。]

## 9.2 動作量の表現

動作の実行量を表す数量表現は，動詞の後ろに伴われる。ここでいう「動作量」には動作の回数や時間量（時量の表現）も含む。

なお，動詞が動作量の数量表現と目的語を同時に伴うときは，通常，＜動詞＋動作量＋目的語＞の語順となる。

＜動詞(V)＋動作量（＋目的語(O)）＞

我 今天 游了 一 公里。
Wǒ jīntiān yóule yì gōnglǐ.

[私は今日 1 キロメートル泳いだ。]

昨天 他 进了 两 趟 城。
Zuótiān tā jìnle liǎng tàng chéng.

[昨日彼は二度町へ行った。]

◉“趟”は量詞の一種で，往復する回数を数えるのに用いる。

她 已经 工作了 二十 多 年 了。
Tā yǐjing gōngzuòle èrshí duō nián le.

［彼女は（これまで）すでに二十数年間働いてきた。］

◉<動詞＋“了”＋時間量(＋目的語)＋“了”>の形式。動詞に後接するのが動詞接尾辞の“了”で，文末にあるのが語気助詞の“了”である。このように二つの“了”を用いることで，動作開始後の経過時間を表現することができる。「(これまで）～してきた」。

◉“工作”［働く］という動作は一定時間持続させることができるのに対し（「二十数年間働く」），例えば本文でも使われている“来”［来る］という動作にはそのような持続性は認められない（「×二十数年間来る」）。この“来”のような持続性をもたない動詞が後ろに時間量を伴った場合には，動作が実現された後の経過時間を表す。(例：“他爸爸死 sǐ 了五年了。”［彼のお父さんが亡くなって5年になる］)

我 见过 他 一 次。
Wǒ jiànguo tā yí cì.

［私は彼に1度会ったことがある。］

◉目的語が代名詞のときには<動詞＋目的語＋動作量>の順に並ぶ。

## 9.3 動詞の重ね型

動詞の重ね型は，その動作の実行回数の少なさや，実行時間の短さを表す。「ちょっと～する；試しに～してみる」。

単音節動詞の場合は，間に“一”が挿入されることがある。また“一”および二番目の動詞は通常軽く発音される。

你 看 一 看 这 个 吧。
Nǐ kàn yí kàn zhèi ge ba.

［これをちょっとご覧なさい。］

咱们 再 商量商量， 怎么样？
Zánmen zài shāngliangshangliang, zěnmeyàng?

［我々でもう少し相談するというのはどうでしょう？］

## 9.4　二重目的語構文

事物や情報の授与および取得を意味する動詞は，二つの目的語を同時に伴うことができる。このような文を「二重目的語構文」という。目的語の語順は，＜動詞＋授与・取得の相手（人）＋授与・取得される対象（事物・情報）＞となる。「～に…を与える；～から…を受け取る」。

～に／から(相手)　～を(対象)

＜動詞(V)＋目的語$_1$＋目的語$_2$＞

他 给 我 三 本 书。
Tā gěi wǒ sān běn shū.

［彼は私に本を 3 冊くれる。］

◉授与・取得の対象となる事物は，一般に＜数量表現＋名詞＞の形で表される。

售票员　收了 我 十五 块 钱。
Shòupiàoyuán shōule wǒ shíwǔ kuài qián.

［(バスの) 車掌は私から 15 元を受け取った。］

◉取得の例。「～から」という意味になる。

我 叫 她 小王。
Wǒ jiào tā Xiǎo-Wáng.

［私は彼女を「王さん」と呼ぶ。］

◉授与・取得以外の意味を表す動詞であっても，二重目的語構文を構成できるものがある。

## ◎ 読解のヒント ◎

### 9.1 "除了～以外"

「～を除いて；～の他に」という意味を表現する場合は，前置詞"除了"を用いる。"除了"の後ろには，しばしば"以外"が用いられる。

除了 这 点 以外，其他 都 不错。
Chúle zhèi diǎn yǐwài, qítā dōu búcuò.

［この点を除いて，他はなかなかよろしい。］

◉ある事物や状況を除外して，それ以外は述語で述べる条件に合致することを表す。「～の他は…」。

中文 系 的 学生 除了 学习 现代 汉语，还 要 学习
Zhōngwén xì de xuésheng chúle xuéxí xiàndài Hànyǔ, hái yào xuéxí

古代 汉语。
gǔdài Hànyǔ.

［中国文学科の学生は現代中国語の他に古典中国語も勉強しなければならない。］

◉ある事物や状況以外にも，そこで述べられている条件に合致するものが存在することを表す。「～の他にも…」。

### 9.2 疑問詞"怎么"

疑問詞"怎么"は，いぶかりながら原因・理由を尋ねるのに用いる。「なぜ；どうして」。

你 怎么 没 穿 衣服 呢?
Nǐ zěnme méi chuān yīfu ne?

［君はどうして服を着ていないんだ？］

◉"呢"は疑問詞疑問文等に用いられ，「はて～だろうか？」と疑念の気持ちを表す語気助詞。→『中国語Ⅱ』読解のヒント 1.3

这 屋 的 空调 怎么 不 凉?
Zhè wū de kōngtiáo zěnme bù liáng?

［この部屋のエアコンはどうして涼しくないんだ？］

## 【練習問題】(作文)

Ⅰ. “的”構文〖T.9.1〗

① 「あなたはいつその携帯電話を買ったのですか？」「私は一昨日買いました。」

② 「彼はどこで中国語を学んだのですか？」「彼は大連〔大连 Dàlián〕で学びました。」

③ 「この本は買ったのですか？」「買ったのではありません，借りたのです。」

④ 「この学校（“学校”の量詞は“所 suǒ”）は誰が創設し〔创办 chuàngbàn〕たのですか？」「アメリカ〔美国 Měiguó〕のキリスト教会〔基督教教会 Jīdūjiào jiàohuì〕が作ったのです。」

Ⅱ. 動作量の表現〖T.9.2〗

① 彼は昨日 200 メートル〔米 mǐ〕泳い〔游 yóu〕だ。

② 「あなたは毎日何杯コーヒーを飲みますか？」「私は 1 杯飲みます。」

③ 私は京劇〔京剧 jīngjù〕を 2 回観たことがある。

④ 我々は彼女を 20 分〔分钟 fēn zhōng〕待った。

⑤ 私はご飯〔米饭 mǐfàn〕を 3 膳〔碗 wǎn〕も食べました。

⑥ 私はもう 20 年もトラック〔卡车 kǎchē〕を運転し〔开 kāi〕ています。

Ⅲ. 動詞の重ね型〖T.9.3〗

① ひとつ召し上がっ〔尝 cháng〕てみてください。

② 少し休憩し〔休息 xiūxi〕ましょうよ。

③ 彼女はほほえみ〔微笑 wēixiào〕ながら，ちらりと彼を見た。

④ 彼はしばらくためらっ〔踌躇 chóuchú〕てから，扉〔门 mén〕を軽く〔轻轻地 qīngqīngde〕たたい〔敲 qiāo〕てみた。

Ⅳ. 二重目的語構文〖T.9.4〗

① 陸先生が私たちに中国語を教え〔教 jiāo〕ている。

② 人々は彼を「張師匠〔师傅 shīfu〕」と呼ぶ〔叫 jiào〕。
③ 100元いただき〔收 shōu〕ましたので，10元をおつりとしてお返しし〔找 zhǎo〕ます。
④ 母親が子ども〔孩子 háizi〕に牛乳〔牛奶 niúnǎi〕を飲ませてやる〔喂 wèi〕。

V．疑問詞“怎么”〖H.9.2〗
① この絵〔画儿 huàr〕はどうしてこんなに値段が高い〔贵 guì〕んだ？（“画儿”の数を数える量詞は“幅 fú”）
② どうして彼女はいま頃来たんだい？（事態の発生を遅いと感じる場合には，副詞“才”を動詞の前に用いる）
③ どうしたんだ？　何で君は私の質問〔问题 wèntí〕に答え〔回答 huídá〕ないんだ？
④ そんなに大事な〔重要 zhòngyào〕こと〔事 shì〕をどうして私に話さなかったんだ？

### ❖離合動詞❖

“结婚 jiéhūn”という動詞は，全体として「結婚する」という一つのまとまった意味を表す一方で，文の要素としてはあたかも<動詞＋目的語>のように振る舞う。

① “我们打算 dǎsuan **结婚**。”［私たちは結婚するつもりです。］
② “他**结**过两次**婚**。”［彼は２度結婚したことがある。］

〔比較〕
① “我打算**学汉语**。”［私は中国語を学ぶつもりです。］
② “他**学**了两年**汉语**。”［彼は中国語を２年間学んだ。］

この“结婚”のような動詞は「離合動詞」と呼ばれる。離合動詞は前後の成分の間に別の要素が挿入されたり，あるいはその重ね型が“散散步”（［ちょっと散歩する］）のような形式を取ったりするなど，文法的には<動詞＋目的語>構造と同様の機能をもつ動詞である。

### ❖時間量の表現❖

学習のテーマ 9.2 で学習した動作の実行量を表す数量表現の一つに，時間量（時量）の表現がある。時間量とはある長さをもった時間表現のことである。主な時間量の表現を以下に挙げる。

| | | | | |
|---|---|---|---|---|
| “○分間” | | 一 分 钟<br>yì fēn zhōng | 两 分 钟<br>liǎng fēn zhōng | 十 分 钟<br>shí fēn zhōng |
| “○時間” | 半 个 小时<br>bàn ge xiǎoshí | 一 个 小时<br>yí ge xiǎoshí | 两 个 小时<br>liǎng ge xiǎoshí | 十 个 小时<br>shí ge xiǎoshí |
| “○日間” | 半 天<br>bàn tiān | 一 天<br>yì tiān | 两 天<br>liǎng tiān | 十 天<br>shí tiān |
| “○週間” | | 一 个 星期<br>yí ge xīngqī | 两 个 星期<br>liǎng ge xīngqī | 十 个 星期<br>shí ge xīngqī |
| “○ヶ月” | 半 个 月<br>bàn ge yuè | 一 个 月<br>yí ge yuè | 两 个 月<br>liǎng ge yuè | 十 个 月<br>shí ge yuè |
| “○年” | 半 年<br>bàn nián | 一 年<br>yì nián | 两 年<br>liǎng nián | 十 年<br>shí nián |

# 第 10 課　城市空间(2)——能願動詞

| | |
|---|---|
| Wáng Xīnxīn: | Xú yì, wǒ xiǎng hē diǎnr shuǐ. Nǐ yǒu shuǐ ma? Nǐ néng bù néng gěi wǒ yì bēi? |
| Xú Yì: | Kěyǐ ya. Nǐ yào xiūxi yíhuìr ma? |
| Wáng Xīnxīn: | Ng. Nǐ de jiǎolì tǐng búcuò ma, yì tiān néng zǒu duōshao? |
| Xú Yì: | Yǐqián wǒ yì tiān zǒuguo èrshí lái gōnglǐ. |
| Wáng Xīnxīn: | Bú huì ba? Wǒ zhǐ zǒule jǐ gōnglǐ, jiù bùxíng le! Nà nǐ huì kāichē ma? |
| Xú Yì: | Huì a. Nǐ ya, yào duō zǒuzou lù. |

王欣欣：徐逸，我想喝点儿水。你有水吗？你能不能给我一杯？

徐　逸：可以呀。你要休息一会儿吗？

王欣欣：嗯。你的脚力挺不错嘛，一天能走多少？

徐　逸：以前我一天走过二十来公里。

王欣欣：不会吧？我只走了几公里，就不行了！那你会开车吗？

徐　逸：会啊。你呀，要多走走路。

## 語　釈

1 **xiǎng　想**　［能願動詞］→学習のテーマ 10.1 ①

**hē　喝**　［動詞］飲む。

**diǎnr　点儿**　［量詞］少し；ちょっと。▶＜数詞＋量詞＞の構造をもつ“一点儿 yìdiǎnr”から数詞の“一”が省略されたもので，話しことばにしばしば見られる形式である。量詞“点儿”は少量の事物を数えるのに用いるが，結びつく数詞は“一”と“半 bàn”に限られる。なお，“一”の省略については読解のヒント 12.1 を参照。

**shuǐ　水**　［名詞］水。

**yǒu　有**　［動詞］持つ；所有する。→学習のテーマ 11.3

**néng　能**　［能願動詞］→学習のテーマ 10.2 ①

**gěi　给**　［動詞］（～に…を）与える。▶二重目的語構文を構成できる動詞の一つ。

2 **bēi　杯**　［量詞］～杯。▶カップなどに入った飲み物の量を数える。

3 **kěyǐ　可以**　［能願動詞］→学習のテーマ 10.2 ②

**yào　要**　［能願動詞］→学習のテーマ 10.1 ②

4 **ng　嗯**　［感嘆詞］（肯定や承諾の気持ちを表し）うん。

**jiǎolì　脚力**　［名詞］脚力；足の力。

**tǐng　挺**　［副詞］（程度が高いことを表し）とても（～だ）；たいへん（～である）。▶程度副詞の一つ。→学習のテーマ 3.2

**ma　嘛**　［語気助詞］話し手の感情（心的態度）を表す語気助詞の一つ。平叙文の文末に用いて，「当然そうでしょ」や「わかりきっていることじゃないか」といった気持ちを表す。ここでは「～じゃないですか；～ですよね」のように，事実を念押しする。

**tiān　天**　［量詞］～日(にち)。▶日数を数えるのに用いる。→第 9 課「時間量の表現」（127 頁）

**zǒu　走**　［動詞］進む；歩く。

5 **yǐqián**　**以前**　［時間詞］以前；昔；これまで。

**lái**　**来**　［助詞］（概数を表し）～ぐらい；～前後。▶＜位数（十・百・千などの位の数）＋“来”＋量詞＞の形で用い，その数よりやや多いか，あるいはその前後の数を表す。一般には軽く発音される。

**gōnglǐ**　**公里**　［量詞］～キロメートル。

6 **huì**　**会**　［能願動詞］→学習のテーマ 10.3 ①

**zhǐ**　**只**　［副詞］ただ；わずかに（～だけ）。→学習のテーマ 14.2 ③

**jǐ**　**几**　［疑問数詞］▶本来は「いくつ」と数を尋ねる際に用いられる疑問詞であるが，ここでは「いくつか」という不定の数を表すのに用いられている。→読解のヒント 10.1，学習のテーマ 10.5

なお，“走了几公里路”は離合動詞“走路”の前後の成分の間に，動詞接尾辞“了”と数量表現“几公里”が挿入されたもの。

**jiù**　**就**　［副詞］→読解のヒント 10.2

**bùxíng**　**不行**　［形容詞］よくない；いけない；許されない。

**huì**　**会**　［能願動詞］→学習のテーマ 10.2 ③

**kāichē**　**开车**　［動詞］（車を）運転する。▶離合動詞の一つ。

8 **yào**　**要**　［能願動詞］→学習のテーマ 10.4 ①

**duō**　**多**　［形容詞］▶形容詞“多”を＜“多”＋動詞＋数量表現（等）＞の形で連用修飾語として用い，「（～の分だけ）余計に（…する）」という意味を表す。動詞の重ね型は動作の実行量が少量であることを表す表現であるから（→学習のテーマ 9.3），＜“多”＋動詞の重ね型＞は「少し余計に～する」という意味を表す。

## 学習のテーマ

### Ⅰ．能願動詞

動詞の一種で，他の動詞の前に用いられ，願望・必要などの主観的あるいは客観的な判断や，事態の発生可能性などを表す語を「能願動詞」という。

#### 10.1 願望を表す能願動詞

① “想”

希望やもくろみを表す。「～したいと思う；～するつもりである」。否定には“不想”を用いる。

我 想 报考 公务员。
Wǒ xiǎng bàokǎo gōngwùyuán.
［私は公務員試験を受けたいと思っている。］

豆腐脑儿 我 想 吃，油饼 我 不 想 吃。
Dòufunǎor wǒ xiǎng chī, yóubǐng wǒ bù xiǎng chī.
［豆腐脳は食べたいが，揚げパンは食べたくない。］

② “要”

何かをしたいという意志・意図を表す。「～したいと思う；～するつもりである；（意志に基づいて）～しようとする」。否定には“不想”（または“不打算 dǎsuan”）を用いる。

他 要 买 的 东西 可 多 呢!
Tā yào mǎi de dōngxi kě duō ne!
［彼が買いたいものはなんて多いんだ！］

◉“可～呢”は感嘆文に用いて，程度が高いことを表す。

你 怎么 要 去 那么 危险 的 地方?
Nǐ zěnme yào qù nàme wēixiǎn de dìfang?
［君はどうしてあんな危険なところに行こうとするのか？］

## 10.2　可能性を表す能願動詞(1)

### ①　“能”

能力もしくは客観的条件を備えていることにより，「～できる」という意味を表す（否定は“不能”）。

中国　哪 些 地方 的 人 最 能 喝 酒?
Zhōngguó něi xiē dìfang de rén zuì néng hē jiǔ?
［中国ではどこの人が一番お酒が強いですか？］

这 种 野菜 不 能 吃。
Zhèi zhǒng yěcài bù néng chī.
［この（種類の）山菜は食べることができない。］

“你 明天 晚上 能 来 吗?” “能。”
“Nǐ míngtiān wǎnshang néng lái ma?” “Néng.”
［「あなたは明日の夜，来ることができますか？」「できますよ。」］

また，条件的あるいは道理上，「～することが許される；～しても構わない」という意味を表す（多く疑問文・否定文で用いる。肯定の意味では“可以”を用いる）。

这儿 能 抽烟 吗?
Zhèr néng chōuyān ma?
［ここでたばこを吸っても構いませんか？］

高血压 的 人 不 能 吃 哪 些 食物?
Gāoxuèyā de rén bù néng chī něi niē shíwù?
［高血圧の人は（どの→）どういう食べ物を食べてはいけないのですか？］

### ②　“可以”

客観的条件（あるいは能力）を備えていることにより，「～できる」という意味を表す（否定は“不能”）。

你　明天　可以 来 吗?
Nǐ míngtiān kěyǐ lái ma?

［あなたは明日いらっしゃることはできますか？］

我 可以　完成　这 个 任务。
Wǒ kěyǐ wánchéng zhèi ge rènwu.

［私はこの任務を全うすることができる。］

また，条件的あるいは道理上，「～することが許される；～しても構わない」という意味を表す（否定には“不可以”もしくは“不能”を用いる）。

她 可以 去，你 也 可以 去。
Tā kěyǐ qù, nǐ yě kěyǐ qù.

［彼女が行っても構わないし，あなたが行っても構わない。］

现在　我 可以 吃饭 了 吧?
Xiànzài wǒ kěyǐ chīfàn le ba?

［もう食事をして構わないですよね？］

③ “会”

学習や訓練の結果，技能や技量として「～できる」という意味を表す。否定には“不会”を用いる。

“你 会 不 会 弹 钢琴？”“不 会。”
“Nǐ huì bú huì tán gāngqín?” “Bú huì.”

［「あなたはピアノを弾くことができますか？」「できません。」］

她 很 会 照顾 人。［彼女はとても気配りが上手だ。］
Tā hěn huì zhàogu rén.

◉“会”は「～するのがうまい」という意味を表すこともでき，その場合は多く“很”などの程度副詞の修飾を受ける。

## 10.3　可能性を表す能願動詞(2)

① "会"

ある事態や状況が起こりうる可能性があることを表す。「～（する）はずである；～（に）違いない；～だろう」。否定には "不会" を用いる。

爸爸　一定　会　生气　的。
Bàba yídìng huì shēngqì de.

［父さんはきっと怒るにちがいない。］

◉この用法の "会" はしばしば文末に助詞 "的" を伴う。

现在　她 不 会 在 家。
Xiànzài tā bú huì zài jiā.

［今ごろ彼女が家にいるはずがない。］

## 10.4　必要を表す能願動詞

① "要"

現実の問題として，もしくは客観的な道理の上で，当然そうあるべきだという意味を表す。「～しなければならない；～する必要がある」。否定には "不用 búyòng" や "不必 búbì" を用いる。

要　等　很　长　时间　吗?
Yào děng hěn cháng shíjiān ma?

［長時間待たなければなりませんか？］

厨房　要　保持　干净。
Chúfáng yào bǎochí gānjìng.

［台所は清潔でなければならない。］

※本課課文には用いられていないが，この他に必要を表す主な能願動詞として "得 děi" と "应该 yīnggāi" がある。

・**“得”**（第 12 課課文）

話し手の意志・判断として，また道理の上で，「～する必要がある；ぜひとも～しなければならない」という意味を表す。否定には“不用 búyòng”などを用いる。

这　个 问题 你 还 得　考虑考虑。
Zhèi ge wèntí nǐ hái děi kǎolǜkaolü.

［この問題は，もう少し考えてみなければならない。］

・**“应该”**

客観的な道理として，あるいは経験的な何らかの基準に照らして，「当然～すべきである；～しなければならない；～する必要がある」という意味を表す。否定には“不应该”を用いる。

你 不　应该　告诉 他　这　些　事情。
Nǐ bù yīnggāi gàosu tā zhèi xiē shìqing.

［彼にこのことを話しちゃいけないよ。］

## Ⅱ．その他のポイント

### 10.5　疑問詞の不定称用法

疑問詞が疑問の意味を表さない場合がある。その一つが，「誰か」や「どこか」といった日本語に対応する不定の人や事物等を表す不定称用法である。

你　想　喝 点儿　什么　吗?
Nǐ xiǎng hē diǎnr shénme ma?

［何か飲みたいですか？］

咱们　去 哪儿 散散 心 吧。
Zánmen qù nǎr sànsan xīn ba.

［気晴らしをしにどこかへ行きましょうよ。］

◉“散心”は「気晴らしをする」という意味を表す離合動詞で，その重ね型は“散散心”（「ちょっと気晴らしをする」）となる。

◉疑問詞の非疑問用法については，他にも『中国語Ⅱ』文法のポイント 9.1 を参照。

## ◎ 読解のヒント ◎

### 10.1　疑問数詞“几”

疑問数詞“几”は，1から9までの数詞に対応する疑問詞である。つまり，答えが9以下であると予想しながら，その数を問う。「いくつ」。

<“几”＋量詞（＋名詞）>

“啤酒 你 要 几 瓶?”“我 要 三 瓶。”
“Píjiǔ nǐ yào jǐ píng?” “Wǒ yào sān píng.”

［「ビールは何本いりますか？」「3本ください。」］

你们　班 有 几 十 个　学生?
Nǐmen bān yǒu jǐ shí ge xuésheng?

［あなたたちのクラスは何十人の学生がいるのですか？］

◉この文における“几”は位数“十”の前に入る1から9までの数を問うている。同様の表現として“几百／几千…”も可能。“几”の文法的性質は一桁の基数に等しい（→第4課「数の表現」）。

“她　每天　坐 几 路　公交车?”　“坐　808　路。”
“Tā měitiān zuò jǐ lù gōngjiāochē?” “Zuò bā líng bā lù.”

［「彼女は毎朝何番の路線バスに乗るのですか？」「808番です。」］

◉“几”は一桁の数以外にも，閉じた集合の順序数を問う場合にも用いられる。

### 10.2　副詞“就”

副詞“就”は，「XならばY」のように，前後に述べられた二つの事態の間に何らかの因果関係が存在するとき，原因となる事態によって引き起こされる結果の事態を導く。「～なら（…）；～すると（…）；それで（…）」。

<原因(X)+“就”+結果(Y)>

他 不 去，我 就 不 去 了。
Tā bú qù, wǒ jiù bú qù le.

［彼が行かないなら，私も行かないことにする。］

◉“就”は副詞であるから，主語の後ろ，動詞の前に置かれる。

那 我 就 放心 了。
Nà wǒ jiù fàngxīn le.

［それなら私は安心した。］

往 前 走 三 百 米 就 是 景山 公园。
Wǎng qián zǒu sān bǎi mǐ jiù shì Jǐngshān gōngyuán.

［前方に 300 メートル歩けば，景山公園（故宮の北側に位置する著名な公園）である。］

## 【練習問題】(作文)

Ⅰ．願望を表す能願動詞〖T.10.1〗

① あなたは北京に行きたいですか，それとも広州に行きたいですか？

② もう食べたくありません。

③ いままで私はロシア語を2年学んできましたが，まだあと1年勉強したいと思っています。

④ 近い〔近 jìn〕ところは行きたくないが，遠い〔远 yuǎn〕ところへは行くことができない。(以上“想”を用いる)

⑤ これを買いたいですか？

⑥ 私があなたにプレゼント〔礼物 lǐwù〕を一つ差し上げましょう。

⑦ この子は一人であんな遠くに行こうとしている。(「一人で〜する」は動詞の前に“一个人”を用いる)

⑧ 私たちはちょうど〔正 zhèng〕ご飯を食べようとしていたところだ。(以上“要”を用いる)

Ⅱ．可能性を表す能願動詞(1)〖T.10.2〗

① この種のキノコ〔蘑菇 mógu〕は食べることができない。

② ここではまだ輪タク〔三轮车 sānlúnchē〕に乗って胡同〔胡同儿 hútòngr〕を見て回る〔逛 guàng〕ことができる。

③ もう一度〔遍 biàn〕おっしゃっていただけませんか？

④ すでに決まっ〔决定 juédìng〕たこと〔事情 shìqing〕を，勝手に〔随便 suíbiàn〕変更し〔更改 gēnggǎi〕てはならない。(以上“能”を用いる)

⑤ みんな誰でも意見を述べる〔提意见 tí yìjiàn〕ことができる。

⑥ あなたは明日いらっしゃることはできますか？

⑦ ここでたばこを吸ってはいけません。

⑧ バスに乗っても構いませんよ。(以上“可以”を用いる)

⑨ あなたはサッカーができますか？(「サッカーをする」は“踢足球 tī zúqiú”)

⑩ 広東の人たち〔广东人 Guǎngdōng rén〕は共通語が話せますか？

⑪　彼女は（とても話をするのがうまい→）とても弁が立つ。
⑫　彼は本当に演技がうまい。（「演技をする」は“演戏 yǎnxì”）（以上“会”を用いる）

Ⅲ. 可能性を表す能願動詞(2)〘T.10.3〙
①　こんなに早く出発すれば，遅れる〔迟到 chídào〕ことはないはずだ。
②　彼はきっと〔一定 yídìng〕成功する〔成功 chénggōng〕だろう。
③　彼女がどうして知っているのだろう？
④　見たところ〔看来 kànlai〕，彼は今日はもう来ないだろう。

Ⅳ. 必要を表す能願動詞〘T.10.4〙
①　本場の〔地道 dìdao〕中国料理が食べたければ，中国へ行かなければならない。
②　熱が出〔发烧 fāshāo〕たときには〔～的时候 de shíhou〕，多めに水〔水 shuǐ〕を飲まなければならない。
③　もう一度銀行〔银行 yínháng〕に行かなければならないなんて，本当に面倒〔麻烦 máfan〕だ。
④　ご老人〔老人家 lǎorénjiā〕，どうぞ（心配する〔担心 dānxīn〕必要はない→）ご心配には及びません。（以上“要／不用”を用いる）
⑤　誰でも食べなくてはならないのだ。
⑥　今日は 9 時に学校へ着い〔到 dào〕ていなくてはならない。
⑦　彼女は毎日家に帰る〔回家 huíjiā〕と，ピアノを弾かなければならない。
⑧　この歯〔牙 yá〕はもう抜か〔拔掉 bádiào〕なければならなくなった。（“牙”を数えるのに用いる量詞は“颗 kē”）（以上“得”を用いる）

Ⅴ. 疑問詞の不定称用法〘T.10.5〙
①　（家の中〔家里 jiāli〕→）家に誰かい〔有 yǒu〕ますか？
②　私は（どの日にか→）いつか大地震〔大地震 dàdìzhèn〕が起こる〔发生 fāshēng〕のではないかと恐れ〔害怕 hàipà〕ている。

Ⅵ．疑問数詞“儿”〖H.10.1〗

① 「あなたはベルト〔皮带 pídài〕を何本買いますか？」「私は２本買います。」

② 「坊や（お嬢ちゃん）〔小朋友 xiǎopéngyou〕，いくつ？」「7 歳だよ。」

③ 「徐逸は何階〔楼 lóu〕に住んでいますか？」「彼は２階に住んでいます。」

④ 「あなたたちは何号〔次 cì〕の特急〔特快列车 tèkuài lièchē〕に乗っ〔乘坐 chéngzuò〕たのですか？」「78 号です。」

Ⅶ．副詞“就”〖H.10.2〗

① 用事があれ〔有事 yǒushì〕ば私を訪ね〔找 zhǎo〕なさい。

② 自分たち〔自己 zìjǐ〕で見れば，分かる〔明白 míngbai〕でしょう。

③ みなさんよくご存じ〔熟悉 shúxī〕のことですから，私はこれ以上〔多 duō〕申しません。

④ お金〔钱 qián〕が無くなってきたのなら〔~的话 de huà〕，私はもう帰ります〔回去 huíqu〕。

# 第 11 課　城市空间(3)——現象描写

| | |
|---|---|
| Wáng Xīnxīn: | Zhè fùjìn pōlù tèbié duō. Nǐ kàn, xiàbianr hái liútǎngzhe yì tiáo xiǎo hé. |
| Xú Yì: | Dōngjīng dàochù dōu shì pōlù a. |
| Wáng Xīnxīn: | Xiépō de shàngmian hé xiàmian jǐngguān bú dà yíyàng. |
| Xú Yì: | Duì, zhè shì Dōngjīng de yí ge xiǎnzhù tèzhēng. |
| Wáng Xīnxīn: | Shàngmian yǒu hěn duō háozhái, xiàmain shì xiāngdāng mìjí de jūmínqū. |
| Xú Yì: | Zhèyì dútè de fēngmào hé Dōngjīng de dìxíng tèzhēng mì bù kě fēn. |

王欣欣：这附近坡路特别多。你看，下边儿还流淌着一条小河。

徐　逸：东京到处都是坡路啊。

王欣欣：斜坡的上面和下面景观不大一样。

徐　逸：对，这是东京的一个显著特征。

王欣欣：上面有很多豪宅，下面是相当密集的居民区。

徐　逸：这一独特的风貌和东京的地形特征密不可分。

## 語　釈

1 fùjìn　附近　［名詞］近所，付近，近く。
pōlù　坡路　［名詞］坂道。
tèbié　特别　［副詞］ことのほか；とりわけ。
xiàbianr　下边儿　［方位詞］→学習のテーマ 11.1
hái　还　［副詞］（ある事柄に別の何かが加わることを表し）また；その上；さらに。
liútǎng　流淌　［動詞］（液体が）流れる。
tiáo　条　［量詞］～本。▶細く長く伸びるものや，しなやかなイメージを与えるものの数を数えるのに用いる。
2 xiǎo hé　小河　小さな川；小川。▶<形容詞＋名詞>の連体修飾構造。
3 dàochù　到处　［副詞］至るところ；あちこち；どこでも。
shì　是　［動詞］▶ここでの“是”は主語が表す場所に，目的語が表す事物が存在することを表す。
4 xiépō　斜坡　［名詞］斜面；傾斜地。
shàngmian　上面　［方位詞］→学習のテーマ 11.1
hé　和　［接続詞］→読解のヒント 11.1
xiàmian　下面　［方位詞］→学習のテーマ 11.1
jǐngguān　景观　［名詞］景観；景色。
bú dà　不大　→読解のヒント 11.2
yíyàng　一样　［形容詞］同じである；同様である。
5 duì　对　［形容詞］正しい；合っている；そのとおりである。◆ここでは「そうだ；そのとおりだ」という応答の言葉。
xiǎnzhù　显著　［形容詞］顕著である；際立っている。
tèzhēng　特征　［名詞］特徴。
6 yǒu　有　［動詞］→学習のテーマ 11.3
háozhái　豪宅　［名詞］豪邸。
xiāngdāng　相当　［副詞］相当；かなり；なかなか。

**mìjí　密集**　［形容詞］密集している。

**jūmínqū　居民区**　住宅地；居住地区。▶“居民”は「住民」という意味を表す名詞。

7 **zhèyì　这一**　［指示詞］この一つの；その一つの（～）。▶後ろに二音節以上の抽象名詞を伴う。

**dútè　独特**　［形容詞］独特である；ユニークである。

**fēngmào　风貌**　［名詞］景観；眺望；眺め。

**dìxíng　地形**　［名詞］地形。

**mì bù kě fēn　密不可分**　密接不可分である；切っても切れない。

## 学習のテーマ

### Ⅰ．現象描写

時間や空間の中ではさまざまな有形無形のものが生まれ，そこに留まり，そして失われていく。特定の時空間における，それらの＜出現・存在・消失＞の過程を描くのが現象描写である。

#### 11.1　方位詞

前・後・左・右など空間的（あるいは時間的）な位置関係を表す語を方位詞という。方位詞には次のようなものがある。

| | なか | そと | うえ | した | まえ | うしろ | ひだり | みぎ | そば | むかい |
|---|---|---|---|---|---|---|---|---|---|---|
| | 里<br>lǐ | 外<br>wài | 上<br>shàng | 下<br>xià | 前<br>qián | 后<br>hòu | 左<br>zuǒ | 右<br>yòu | | |
| −边(儿)<br>bian(r) | 里边 | 外边 | 上边 | 下边 | 前边 | 后边 | 左边 | 右边 | 旁边<br>pángbiān(r) | |
| −头<br>tou | 里头 | 外头 | 上头 | | 前头 | 后头 | | | | |
| −面<br>mian | 里面<br>lǐmiàn | 外面 | 上面 | 下面 | 前面 | 后面 | 左面<br>zuǒmiàn | 右面<br>yòumiàn | | 对面<br>duìmiàn |

◉他に“东 dōng ／南 nán ／西 xī ／北 běi”，“底下 dǐxia”［下］等もある。

対応する一音節方位詞（“里”等）と二音節方位詞（“里边／里头／里面”等）の意味は基本的に同じである。ただし，一音節方位詞は名詞の後ろに直接くっついて用いられるが，二音節方位詞は単独で用いることもできる。

＜名詞＋方位詞＞

那　本　中文　书　在　书架上。
Nèi běn Zhōngwén shū zài shūjiàshang.
［あの中国語の書物は本棚にある。］

杯子里　没有　水。
Bēizili méiyǒu shuǐ.

［コップ（の中）には水が入っていない。］

是 不 是 邮局　东边　的 那 家　餐厅?
Shì bú shì yóujú dōngbian de nèi jiā cāntīng?

［郵便局の東側のあのレストランですか？］

你　右边　是 哪 位?
Nǐ yòubian shì něi wèi?

［あなたの右側はどなたですか？］

主語(S)　目的語(O)
＜方位詞＋述語(P)＞／＜動詞(V)＋方位詞＞

外边　冷，里面　暖和。
Wàibian lěng, lǐmiàn nuǎnhuo.

［外は涼しく，中は暖かい。］

爷爷 在　左面，奶奶 在　右面。
Yéye zài zuǒmiàn, nǎinai zài yòumiàn.

［おじいさんは左に，おばあさんは右にいる。］

名詞にはそのままの形で場所表現になり得るものもあれば（例:“北京”,“学校”,“家”），そうでないものもある（例:“书”,“桥 qiáo”［橋］,“课”）。場所表現ではない一般名詞は，後ろに方位詞を伴うことで場所表現として機能するようになる。

＜一般名詞＋方位詞＞ → 場所表現

このとき，“里”と“上”の二つの方位詞は，きわめて活発にさまざまな名詞と結びついて用いられる。

他 的　胳膊上　有 一 块 痣。
Tā de gēboshang yǒu yí kuài zhì.
［彼の腕にはアザがひとつある。］

## 11.2　存現文

特定の空間や時間における人や事物の＜出現・存在・消失＞を述べるのが存現文である。存在動詞“有”を用いた動詞述語文も，＜存在＞を表す存現文の一種である。

存現文は，特定の空間や時間を主語に，また＜出現・存在・消失＞する人や事物・現象などを目的語の位置に置く。

～に／～から　　いる／ある／する／した　　…が
＜場所表現・時間表現＋出現・存在・消失義の動詞(V)＋人・事物・現象＞
主語(S)　　目的語(O)

◉＜出現・存在・消失＞する人や事物・現象は，もちろん不特定＝未知の事物である。

動詞は＜出現・存在・消失＞の意味を表す。

“有”はそれ自身が存在の意味を表すが，一般にその他の動詞が＜存在＞または＜出現・消失＞の意味を表すためには，＜存在＞については動詞接尾辞“着”を，また＜出現・消失＞については動詞接尾辞“了”や結果を表す補語類（→学習のテーマ 15.1，15.2）等を伴う。

黑板上　写着 他 的 名字。
Hēibǎnshang xiězhe tā de míngzi.
［黒板に彼の名前が書いてある。］

墙上　挂着 一 幅 毛 泽东 的 肖像画 呢。
Qiángshang guàzhe yì fú Máo Zédōng de xiàoxiànghuà ne.
［壁には毛沢東の肖像画が１枚掛けてある。］

对面　来了　一　辆　自行车。
Duìmiàn láile yí liàng zìxíngchē.

［向かい側から自転車が 1 台やってきた。］

今天　发生了　一　件　奇怪　的　事情。
Jīntiān fāshēngle yí jiàn qíguài de shìqing.

［今日，おかしな出来事がひとつ起きた。］

今年　已经　搬走了　三百　多　个　人。
Jīnnián yǐjing bānzǒule sānbǎi duō ge rén.

［今年すでに 300 人あまりが引っ越していった。］

自然現象もしばしば存現文の形で表現される。

外边儿　刮着　风　呢。
Wàibianr guāzhe fēng ne.

［外は風が吹いていますよ。］

开　花儿　了。
Kāi huār le.

［花が咲いた。］

◉“开花儿了。”（「花が咲いた」）は主語をもたないが，事実上の主語はその場／その時であり（「(ここで／いまや）花が咲いた」），これは本課で述べる現象描写の一種である。これに対し，特定の事物としての「花」（例：「軒先の花は咲きましたか？」「花は咲きました。」）と述べる場合には，“花儿开了。”となる。特定の事物は主語の位置に置かれるか，もしくは主題として文頭に取り上げられる。このような表現は特定の人・事物に対する叙述であり，現象描写とは異なる。

## 11.3 存在動詞“有”

動詞“有”は，特定の空間や時間における人や事物の存在を表すのに用いられる。「(～に) …がいる／ (～に) …がある」。

| | ～に | | いる／ある | | …が | |
|---|---|---|---|---|---|---|
| < | 場所表現／時間表現 | + | “有” | + | 人・事物 | > |
| | 主語(S) | | 動詞(V) | | 目的語(O) | |

外边儿　有　一　个　人。
Wàibianr yǒu yí ge rén.
[外に人が一人いる。]

老师　那儿 有　很　多　书。
Lǎoshī nàr yǒu hěn duō shū.
[先生のところには多くの書籍がある。]

这　条　街上　有　很　多　好玩儿 的　地方　呢。
Zhèi tiáo jiēshang yǒu hěn duō hǎowánr de dìfang ne.
[この通りには多くのおもしろいところがありますよ。]

今天　上午　有　一　门　课。
Jīntiān shàngwǔ yǒu yì mén kè.
[今日の午前中は授業が１コマある。]

人が主語に立つと,「～を所有する；～を持っている」という意味を表す（第10課課文)。

老 陆　有　一　个　女儿。
Lǎo-Lù yǒu yí ge nǚ'ér.
[陸さんには娘が一人いる。]

存在（および所有）の否定には動詞“没有 méiyǒu”（第２音節は第３声）を用いる。なお，“没有”が目的語を伴うときは，“有”を省略して<“没”+目的語>の形で用いることができる。

今天　下午　没(有)　课。
Jīntiān xiàwǔ méi(yǒu) kè.
［今日の午後は授業がない。］

老　陆　没(有)　儿子。
Lǎo-Lù méi(yǒu) érzi.
［陸さんには息子がいない。］

## Ⅱ. その他のポイント

### 11.4　二重主語文

述語が主述構造からなる文を二重主語文（あるいは主述述語文）という。

主語(S)　　　　述語(P)
<主語(S)＋[主語(S′)＋述語(P′)]>
　　　　　　　　主述構造

二重主語文は，人の感覚・感情など経験を述べるタイプと，人や事物の形状や性質などの属性を述べるタイプに分けられる[1)]。P′には形容詞（句）が多く用いられる。

我　牙　疼。
Wǒ yá téng.
［私は歯が痛い。］

那　一刻　他　心里　很　激动。
Nà yíkè tā xīnli hěn jīdòng.
［そのとき彼は心がとても高ぶった。］

我们　大学　留学生　特别　多。
Wǒmen dàxué liúxuéshēng tèbié duō.
［私たちの大学は留学生が特に多い。］

日本　春天　很　美。
Rìběn chūntiān hěn měi.
［日本は春が美しい。］

1）木村英樹『中国語文法の意味とかたち――「虚」的意味の形態化と構造化に関する研究――』，第 11 章「二重主語文の意味と構造」，白帝社，東京，2012 年。

## ◍ 読解のヒント ◍

### 11.1　接続詞“和”

名詞的要素をつなぎ合わせ，並列の関係を構成する。「～と…（と）」。

重庆　和　杭州　我　都　住过。
Chóngqìng hé Hángzhōu wǒ dōu zhùguo.
［重慶と杭州にはどちらも住んだことがある。］

我　家　有　爸爸、妈妈、哥哥　和　我。
Wǒ jiā yǒu bàba、māma、gēge hé wǒ.
［我が家には父と母と兄と私がいます。］

◉三つ以上の事項をつなげるときは，最後の事項の前に“和”を用いる。

### 11.2　部分否定“不大～”

副詞“大”（「大いに；まったく」）の前に“不”を用いると，「大して～ではない；あまり～ではない；それほど～ではない」という部分否定の意味を表す。

＜“不大”＋動詞（句）／形容詞（句）＞

我　平时　不　大　开车。
Wǒ píngshí bú dà kāichē.
［私は普段あまり車を運転しない。］

这　两　道　应用　题　不　大　容易。
Zhè liǎng dào yìngyòng tí bú dà róngyi.
［この2問の応用問題はそれほど簡単ではない。］

## 【練習問題】(作文)

Ⅰ. 方位詞〘T.11.1〙

① 君の本は机〔桌子 zhuōzi〕の上にあるよ。

② 本棚には多くの中国語〔中文 Zhōngwén〕の書物がある。

③ 上の荷物の中には何が入っているのですか？

④ 外では雨〔雨 yǔ〕が降っ〔下 xià〕ていますよ。

⑤ そばに誰かいますか？

⑥ 食堂は図書館の前にある。

Ⅱ. 存現文〘T.11.2〙

① 入口〔门口 ménkǒu〕にはまだずいぶんたくさんの人が立っ〔站 zhàn〕ている。

② 中庭〔院子 yuànzi〕に柳の木〔柳树 liǔshù〕が 1 本〔棵 kē〕(植え〔种 zhòng〕られている→) 植わっている。

③ 昨夜，(客〔客人 kèren〕が一人やってきた→) 来客があった。

④ お隣〔邻居 línjū〕の家で犬〔狗 gǒu〕が 1 匹死ん〔死 sǐ〕だ。(“狗”を数えるのに用いる量詞は“条”)

⑤ 朝方また〔又 yòu〕雨が降った。

⑥ 昨年，北方〔北方 běifāng〕では何度〔场 cháng〕も大雪〔大雪 dàxuě〕が降った。

Ⅲ. 存在動詞“有”〘T.11.3〙

① 学校にはプール〔游泳池 yóuyǒngchí〕がある。

② 「学校の中に食堂はありますか？」「ありません。」

③ 外には誰もいない。

④ 前方には橋が 1 本ある。(“桥”を数えるのに用いる量詞は“座 zuò”)

⑤ 「あなたは車を持っていますか？」「はい，古い〔旧 jiù〕のを 1 台持っています。」

⑥ 私には兄弟姉妹〔兄弟姐妹 xiōngdì jiěmèi〕がいません。

Ⅳ．二重主語文〘T.11.4〙

① 食堂車〔餐车 cānchē〕は人が多くない。

② 私の両親は体調がどちらもあまりよくない。

③ 君は仕事はどうだい？

Ⅴ．接続詞“和”〘H.11.1〙

① 私と彼女はどちらも日本人です。

② 彼は相次いで〔先后 xiānhòu〕100 以上の国と地域〔地区 dìqū〕を訪れた。

**❖曜日の表現❖**

| | | | |
|---|---|---|---|
| 月曜日 | 星期一<br>xīngqīyī | 金曜日 | 星期五<br>xīngqīwǔ |
| 火曜日 | 星期二<br>xīngqī'èr | 土曜日 | 星期六<br>xīngqīliù |
| 水曜日 | 星期三<br>xīngqīsān | 日曜日 | 星期天（日）<br>xīngqītiān(rì) |
| 木曜日 | 星期四<br>xīngqīsì | | |

「何曜日？」と尋ねるときには，“星期几(xīngqījǐ)？”という。

# 第 12 課　和谐共存(1)——連動構造

| | |
|---|---|
| Xú Yì: | Wǒ dǎsuan míngtiān qù Dōngjīng xījiāo pāi jiāoqū de fēngjǐng, nǐ qù ma? |
| Wáng Xīnxīn: | Míngtiān wǒ yǒu jiàn shì děi bàn yíxià. Yǒu wèi lǎoshī yào wò chá yì xiē zīliào. |
| Xú Yì: | Nà hòutiān zěmeyàng? |
| Wáng Xīnxīn: | Kěyǐ ya. Wǒmen zěnme qù? Yòu shì zǒuzhe qù ma? |
| Xú Yì: | Bù. Zhèi cì wǒmen zuò diànchē qù. |
| Wáng Xīnxīn: | Nà wǒ jiù fàngxīn le. |

徐　逸：我打算明天去东京西郊拍郊区的风景，你去吗？

王欣欣：明天我有件事得办一下。有位老师要我查一些资料。

徐　逸：那后天怎么样？

王欣欣：可以呀。我们怎么去？又是走着去吗？

徐　逸：不。这次我们坐电车去。

王欣欣：那我就放心了。

## 語　釈

héxié gòngcún　**和谐共存**　調和しつつ共存する。▶“和谐”は「調和している；釣り合いがとれている」という意味を表す形容詞。また“共存”は「共存する」という意味を表す動詞。

1 dǎsuan　**打算**　［動詞］～するつもりである；～する予定である。

míngtiān　**明天**　［時間詞］明日。

qù　**去**　［動詞］（目的地に向かって）行く。▶連動構造である“去东京西郊拍郊区的风景”については学習のテーマ 12.1 を参照。

xījiāo　**西郊**　［名詞］西郊；西の郊外。

jiāoqū　**郊区**　［名詞］郊外：近郊（区域）。

fēngjǐng　**风景**　［名詞］風景；景色。

2 yǒu　**有**　［動詞］→学習のテーマ 12.2

jiàn　**件**　［量詞］～件。▶事柄·事件などの数を数えるのに用いる。なお，本来は“件”の前にあるべき数詞“一”の省略については，読解のヒント 12.1 を参照。

shì　**事**　［名詞］事；事柄。

děi　**得**　［能願動詞］→学習のテーマ 10.4

bàn　**办**　［動詞］（手続きや用件などを）処理する；行う；する。

yíxià　**一下**　ちょっと（…する）。▶＜数詞＋量詞＞の構造。数量表現の一つであり，動詞のあとに用いる。軽く行う 1 回の動作量や，ごく短い時間幅を意味する。

wèi　**位**　［量詞］～人；～名。▶人数を敬意をもって数えるのに用いる。

lǎoshī　**老师**　［名詞］教師；先生。

yào　**要**　［動詞］（～に…するように）要求する；頼む；（…するようにと）言う。▶兼語文を構成する動詞の一つ。→学習のテーマ 12.3

chá　**查**　［動詞］（資料や文献などを）捜す；調べる。

yì xiē　**一些**　（不定の数量を表し）いくつかの；いくらかの。▶＜数詞

＋量詞＞の構造。

zīliào　资料　［名詞］資料；データ。

4 hòutiān　后天　［時間詞］あさって；明後日。

zěnmeyàng　怎么样　［疑問状態詞］→学習のテーマ 8.4

5 zěnme　怎么　［疑問副詞］→学習のテーマ 12.4

yòu shì　又是　また（〜する）；またしても（〜する）。▶動作・行為が繰り返されることを表す。副詞“又”は一般には実現済みの動作について用いるが（「また〜した」），本文のように“又是”等の形で周期的かつ近未来の動作に用いることがある。

-zhe　V着　［動詞接尾辞］→学習のテーマ 8.3，12.1

6 cì　次　［量詞］（行為や出来事の回数を数えて）〜回；〜度。

zuò　坐　［動詞］（電車やバスなどの乗り物に）乗る。

diànchē　电车　［名詞］電車。

7 fàngxīn　放心　［動詞］安心する。◆離合動詞の一つ。

## 学習のテーマ

### Ⅰ．連動構造

複数の動詞や動詞句が直接連なる構造を「連動構造」という。連動構造を構成する動詞（句）は互いに密接な意味上の関係をもつ。

### 12.1　連動文

連動構造が一つの文の述語を構成するとき，このような文を「連動文」という。

<動詞(句)1 + 動詞(句)2>

前後の動詞（句）は以下のような意味上の関係をもつ。

**移動＋目的**

動詞句1　動詞句2

他 去 （图书馆） 借 书 了。
Tā qù (túshūguǎn) jiè shū le.

［彼は（図書館へ）本を借りに行った。］

来 我 家 玩儿 吧。
Lái wǒ jiā wánr ba.

［我が家へ遊びにいらっしゃい。］

**手段＋目的**

動詞句1　動詞句2

我 坐 公共 汽车 去 北海 公园 了。
Wǒ zuò gōnggòng qìchē qù Běihǎi gōngyuán le.

［私は路線バスに乗って北海公園へ行った。］

你 打 电话 问问 他。
Nǐ dǎ diànhuà wènwen tā.

［電話をかけて彼に尋ねてみなさいよ。］

**様態＋動作**　→学習のテーマ 8.3

不要　躺着（動詞1）　看书（動詞句2）。
Búyào tǎngzhe kàn shū.

［寝転んで本を読んではいけませんよ。］

## 12.2 "有"を用いる連動文

連動文の第一の動詞に"有"を用いると，「X には～する Y がいる／ある」という意味を表す文を作ることができる。

＜主語(X)（X には）＋"有"（いる／ある・動詞1）＋名詞(Y)（Y が）＋動詞（～する・動詞2）＞

我　有　一　个　问题　要　问。
Wǒ yǒu yí ge wèntí yào wèn.

［私にはお聞きしたい問題が一つあります。］

他　有　一　个　朋友　叫　王　欣欣。
Tā yǒu yí ge péngyou jiào Wáng Xīnxīn.

［彼には王欣欣という名前の友だちが一人いる。］

我　没有　钱　买　车票　了。
Wǒ méiyǒu qián mǎi chēpiào le.

［私は切符を買うお金がなくなった。］

◉否定の場合には"没（有）"を用いる。→学習のテーマ 11.3

## 12.3 兼語文

動詞の中にはそれが表す動作によって，別の動作が引き起こされるよう働きかけるタイプのものがある。このような動詞を連動文の第一の動詞に用いると，「X が Y に～するよう働きかける」という意味を表すことができる。

Xが　働きかける　Yに　～するよう

＜主語(X)＋動詞$_1$＋目的語$_1$(Y)＋動詞$_2$(＋目的語$_2$)＞

動作主体 → 動作$_1$　動作対象

動作主体 → 動作$_2$

このときYは「働きかけ」(動詞$_1$) を受ける動作対象であると同時に，ある動作 (動詞$_2$) を行う動作主体でもある。このように二つの役割を兼ね備えた目的語$_1$(Y) のことを，特に「兼語」と呼ぶことがある。

大家 请 她 唱 一 首 歌。
Dàjiā qǐng tā chàng yì shǒu gē.
［みんなは彼女に1曲歌うよう頼んだ。］

李 老师 嘱咐 她 一定 要 复习。
Lǐ lǎoshī zhǔfu tā yídìng yào fùxí.
［李先生は彼女に必ず復習するよう言いつけた。］

当时 我 嫌 他 多 管 闲事。
Dāngshí wǒ xián tā duō guǎn xiánshì.
［当時私は彼がお節介なのがいやだった。］

## Ⅱ. その他のポイント

### 12.4 指示詞(5)——“这么”“那么”“怎么”

指示詞“这么”“那么”“怎么”は，動作の方式を指し示す指示詞である。

| 近称 | 遠称 | | 不定称 (疑問詞) |
|---|---|---|---|
| 这么<br>zhème | 那么<br>nàme | | 怎么<br>zěnme |
| コノヨウニ | ソノヨウニ | アノヨウニ | ドノヨウニ |

◉文中では副詞相当の連用修飾語として用いられる。

◉“这么”“那么”には程度を指し示す用法もある。→学習のテーマ7.7

### ＜“这么／那么／怎么”＋動詞＞

我　也　这么　想的。
Wǒ yě zhème xiǎngde.

［私もそんなふうに考えていました。］

“你 是　怎么　来的?”“我 是 坐　公交车　来的。”
“Nǐ shì zěnme láide?” “Wǒ shì zuò gōngjiāochē láide.”

［「あなたはどうやって来ました？」「私は路線バスに乗って来ました。」］

## ◎ 読解のヒント ◎

### 12.1 数詞“一”の省略

＜“一”＋量詞＋名詞＞が目的語の位置にある場合，one という数が情報としてそれほど重要でなければ，“一”はしばしば省略される。

＜動詞＋量詞＋名詞＞
目的語

昨天 我 买了 本 书，叫 《西风东土》。
Zuótiān wǒ mǎile běn shū, jiào «Xīfēng dōngtǔ».

［昨日私は『西風東土』という題名の本を買った。］

你 怎么 了？ 你 跟 我 说 句 话 吧。
Nǐ zěnme le? Nǐ gēn wǒ shuō jù huà ba.

［どうしたんだい？ 私にちょっと話してみてくれよ。］

◉“跟”は「～に対して」という意味を表す前置詞。→学習のテーマ 13.2

## 【練習問題】(作文)

Ⅰ. 連動文〘T.12.1〙

① 彼は仕事を探しに北京に来る。

② 彼女はチベット〔西藏 Xīzàng〕へ（旅行し〔旅行 lǚxíng〕に→）旅行に行ってしまった。

③ 彼は手紙を書いて彼女に知らせる。

④ 彼は（筆〔毛笔 máobǐ〕を使っ〔用 yòng〕て→）筆で手紙を書く。

⑤ あなたは（一日一日すべて〔天天 tiān tiān〕→）毎日私に連れ添っ〔陪 péi〕て，私にあんなにたくさんの話〔故事 gùshi〕を話してくれました。

⑥ 兵士〔战士 zhànshì〕たちはたき火〔火堆 huǒduī〕を囲ん〔围 wéi〕で眠りについ〔睡着 shuìzháo〕た。

Ⅱ. “有”を用いる連動文〘T.12.2〙

① 私にはやらなければならないことがたくさんある。

② 飲むお茶がなくなってしまいました。

③ 明日私を訪ねてくる人がいる。

④ 図書館では多くの学生が本を読んでいる。(「～している」という動作の進行は，動詞の前に副詞“在”を用いて表す)

⑤ 今年は中国に行く機会〔机会 jīhuì〕がない。

⑥ 私はこれまで〔至今 zhìjīn〕このような情況〔情况 qíngkuàng〕に出くわし〔遇到 yùdào〕たことは一度〔一次 yí cì〕もない。

Ⅲ. 兼語文〘T.12.3〙

① 私は彼に荷物を持ってくれるよう頼む〔请 qǐng〕。

② 母は私に一人で行けという。

③ 党中央〔党中央 dǎng zhōngyāng〕は彼を東北地方〔东北 Dōngběi〕に（派遣し〔派 pài〕て行かせた→）派遣した。

④ 家族全員〔全家人 quánjiā rén〕が私にダイエットする〔减肥 jiǎnféi〕よう勧め

る〔劝 quàn〕。

⑤ 彼の父は彼に（早めに→）早く結婚する〔结婚 jiéhūn〕ようせき立て〔催 cuī〕た。(「早めに～する」は動詞の前に“早（一）点儿”を置いて表現する)

⑥ 我々は彼を（選ん〔选 xuǎn〕で支部書記〔支部书记 zhībù shūjì〕の職に当たら〔当 dāng〕せた→）支部書記に選出した。

Ⅳ．指示詞(5)——“这么”“那么”“怎么”〖T.12.4〗

① あなたがそうした理由〔原因 yuányīn〕は何なの？

② スイカ〔西瓜 xīguā〕はどう切り〔切 qiē〕ましょうか？

③ 絶対に〔千万 qiānwàn〕あんなふうに言ってはいけませんよ。

④ 私のことをそんなふうに見て，（何をする〔干 gàn〕のか→）どうしようというのか？

Ⅴ．数詞“一”の省略〖H.12.1〗

① 日曜日の夜，家〔家里 jiāli〕に電話がかかってきた。

② 彼女は 25 歳の時に〔时 shí〕鍋料理の店〔火锅店 huǒguō diàn〕を開いた。

# 第 13 課　和谐共存(2)
## ——連用修飾①〈前置詞句〉

| | |
|---|---|
| Xú Yì: | Wǒmen xiān zài huǒchē zhàn pāi shàngbān gāofēng shíjiān de rénliú ba. |
| Wáng Xīnxīn: | Zhēn zhuàngguān. Tāmen dōu cóng nǎr láide? |
| Xú Yì: | Cóng jiāoqū láide. Yǐqián wǒ yě zài jiāoqū zhùguo, měitiān dōu zuò chē shàngxué, gēn tāmen yíyàng. |
| Wáng Xīnxīn: | Shì ma? Nà shíhou nǐ jiā lí shì zhōngxīn yuǎn ma? |
| Xú Yì: | Yuǎn shì yuǎn, dànshì zuò chē de shíjiān yě gěi wǒ dàilaile yì zhǒng lèqù. |
| Wáng Xīnxīn: | Shénme lèqù? |
| Xú Yì: | Kàn chuāngwài fēngjǐng de lèqù ya. |

徐　逸：我们先在火车站拍上班高峰时间的人流吧。

王欣欣：真壮观。他们都从哪儿来的？

徐　逸：从郊区来的。以前我也在郊区住过，每天都坐车上学，跟他们一样。

王欣欣：是吗？那时候你家离市中心远吗？

徐　逸：远是远，但是坐车的时间也给我带来了一种乐趣。

王欣欣：什么乐趣？

徐　逸：看窗外风景的乐趣呀。

## 語　釈

1　zài　在　［前置詞］→学習のテーマ 13.1 ①

huǒchē zhàn　火车站　（汽車の）駅。▶連体修飾構造。“火车”は「汽車；列車」，“站”は「駅」という意味を表すそれぞれ名詞。

shàngbān　上班　［動詞］出勤する。

gāofēng shíjiān　高峰时间　ピーク時；ラッシュ時。▶“高峰”は「ピーク」，“时间”は「時間」という意味を表すそれぞれ名詞。“上班高峰时间”は「通勤ラッシュ時」という意味の連体修飾構造。

rénliú　人流　［名詞］人の流れ；人の波。

2　zhuàngguān　壮观　［形容詞］（眺めが）壮観である；壮大である。

cóng　从　［前置詞］→学習のテーマ 13.1 ②

nǎr　哪儿　［代名詞］→学習のテーマ 6.6

3　měitiān　每天　［時間詞］毎日；日ごと。

chē　车　［名詞］▶ここでは“电车”（あるいは“火车”）を指す。

4　shàngxué　上学　［動詞］学校へ行く；登校する。▶離合動詞の一つ。

gēn　跟　［前置詞］→学習のテーマ 13.2 ①

5　shíhou　时候　［名詞］時（とき）；時間。

jiā　家　［名詞］家。

lí　离　［前置詞］→学習のテーマ 13.1 ③

shì zhōngxīn　市中心　市の中心；都心。▶連体修飾構造。

yuǎn　远　［形容詞］遠い。

6　～shì～　～是～　［動詞］→読解のヒント 13.1

dànshì　但是　［接続詞］（反転を表し）しかし；だが。

gěi　给　［前置詞］→学習のテーマ 13.2 ②

dàilai　带来　もたらす。▶＜動詞＋方向補語＞の構造。なお，方向補語については学習のテーマ 15.1 を参照。

zhǒng　种　［量詞］（抽象的な事物や，ある事物を類として捉えてその数を数える場合に用い）～つ；～種（しゅ）。

8　chuāngwài　窗外　窓の外。▶＜名詞＋方位詞＞の構造。

## 学習のテーマ

### Ⅰ．連用修飾構造(1)

名詞を中心語（被修飾語）とする修飾構造が連体修飾構造と呼ばれるのに対し（→第7課・学習のテーマⅠ），動詞・形容詞を中心語とする修飾構造は連用修飾構造と呼ばれる。前置詞句と副詞は連用修飾語になることができる。

修飾語　　　　　中心語
＜前置詞句／副詞＋動詞(句)／形容詞(句)＞
動詞句／形容詞句

このうち前置詞句は＜前置詞＋目的語＞からなるフレーズである。前置詞句は場所や時間，動作に関与する人や事物等を導く。

#### 13.1　場所・時間を導く前置詞

① “在”

動作・行為の行われる場所や時間を表す。「～で；～において」。

他们　都 在 宿舍　等　你。
Tāmen dōu zài sùshè děng nǐ.

［彼らはみんな宿舍であなたを待っています。］

“你 在 哪儿 买的 那 本 书?” “我 在 新华　书店　买的。”
“Nǐ zài nǎr mǎide nèi běn shū?” “Wǒ zài Xīnhuá Shūdiàn mǎide.”

［「あなたはその本をどこで買いましたか？」「私は新華書店で買いました。」］

◉以上，“在”の目的語は場所表現。

我　一般 在　早上　七 点　左右　起床。
Wǒ yìbān zài zǎoshang qī diǎn zuǒyòu qǐchuáng.

［私は普段7時前後に起きます。］

◉“在”の目的語は時間表現。

② “从”

動作・行為の起点を表す。「～から」。

我 弟弟 已经 从 学校 回来 了。
Wǒ dìdi yǐjing cóng xuéxiào huílai le.

[弟はもう学校から帰ってきている。]

从 学校 门口 出去，右边 就 有 一 个 小卖部。
Cóng xuéxiào ménkǒu chūqu, yòubian jiù yǒu yí ge xiǎomàibù.

[校門から出ると右側に一軒の売店があります。]

◉以上，“从”の目的語は場所表現。

他 从 五十 年代 末 就 开始 研究 民俗学。
Tā cóng wǔshí niándài mò jiù kāishǐ yánjiū mínsúxué.

[彼は50年代の終わりから早くも民俗学の研究を始めた。]

◉“从”の目的語は時間表現。

◉副詞“就”は時間を表す語句の後ろに用いて，「すでに；早くも；とっくに」という意味を表す用法。

③ “离”

隔たりの基点を導く。「～から；～まで」。

＜主語(X)[Xは]＋“离”＋目的語(Y)[Yから／まで][前置詞句]＋形容詞(句)／動詞(句)[～(で)ある]＞

公交 车站 离 这儿 远 吗？
Gōngjiāo chēzhàn lí zhèr yuǎn ma?

[バス停はここから遠いですか？]

绍兴 离 上海 有 二百 来 公里。
Shàoxīng lí Shànghǎi yǒu èrbǎi lái gōnglǐ.

[紹興は上海から約200キロの道のりである。]

离　端午节　还 有　多少　天?
Lí Duānwǔjié hái yǒu duōshao tiān?

［端午の節句まであと何日ありますか？］

④　**“到”**（※課文での用例は『中国語Ⅱ』第 5 課を参照）

動作・行為の到達点を表す。「～まで」。

她 到　图书馆　去 了。
Tā dào túshūguǎn qù le.

［彼女は図書館に行ってしまった。］

到　我 这儿 来 吧!
Dào wǒ zhèr lái ba!

［私のところにいらっしゃい！］

◉以上，“到”の目的語は場所表現。

从　那时 到　现在　已经　快　三　年　了。
Cóng nàshí dào xiànzài yǐjing kuài sān nián le.

［あのときから今日まですでに 3 年になろうとしている。］

◉“到”の目的語は時間表現。なお，本例文のように“从”と“到”はしばしば呼応して用いられる。

◉“快～了”は「まもなく～になる」という近接未来を表す。→読解のヒント 14.1

## 13.2　動作・行為に関与する人や事物を導く前置詞

①　**“跟”**

動作･行為を共同で行う相手，もしくはその対象を導く。「～と；～に」。

你 跟 我 一起 去　广州　吧。
Nǐ gēn wǒ yìqǐ qù Guǎngzhōu ba.

［私と一緒に広州に行きましょうよ。］

我　想　跟 你 打听　一下。
Wǒ xiǎng gēn nǐ dǎting yíxià.

［ちょっとあなたに伺いたいのですが。］

② “给”

事物・情報の受け取り手や動作・行為の受益者を導く。「～に；～のために」。

什么　　好吃，你 给 我　介绍介绍。
Shénme hǎochī, nǐ gěi wǒ jièshàojieshao.

［何がおいしいのか，私にちょっと紹介してください。］

明天　　是 他 的 生日，　我们　打算　给 他　庆祝　一下。
Míngtiān shì tā de shēngrì, wǒmen dǎsuan gěi tā qìngzhù yíxià.

［明日は彼の誕生日なので，私たちは彼のためにお祝いしてあげようと思っている。］

## ◍ 読解のヒント ◍

### 13.1 “～是～”

“是”の前後に同一の語句を用いて，“～ではあるのだが（しかし…）”という譲歩の表現を作る。後ろには“可是 kěshì”，“但是 dànshì”，“不过”などの接続詞を用いた逆接表現が続く。

有　是 有，但是 不 在 这儿。
Yǒu shì yǒu, dànshì bú zài zhèr.

［あることはあるが，ここにはない。］

能　是 能，就是 太 麻烦 了。
Néng shì néng, jiùshì tài máfan le.

［できることはできるが，とても面倒だ。］

## 【練習問題】(作文)

Ⅰ．場所・時間を導く前置詞〘T.13.1〙

① 私の両親は北京で働いている。

② 「あなたはどこでバスに乗りましたか？」「私は東単〔东单 Dōngdān〕で乗りました。」

③ 十数年前に私は一度中国へ行ったことがある。(以上“在”を用いる)

④ 彼女は武漢からやって来たのですか？

⑤ 昨日から少し調子が良くありません。(“从～起”を用いる)

⑥ 老人から子どもまでみんなここに来るのが好きだ。(以上“从”を用いる)

⑦ 動物園〔动物园 Dòngwùyuán〕は西直門〔西直门 Xīzhímén〕から近い〔近 jìn〕。

⑧ 私は自分がどんどん〔越来越 yuèláiyuè〕目標〔目标 mùbiāo〕に近づいてきていると感じる〔感觉 gǎnjué〕。

⑨ 春節〔春节 Chūnjié〕まで２週間しかなくなった。(以上“离”を用いる)

⑩ 私たちは駅までバスに乗りましょうよ。

⑪ 重慶から北京まで飛行機〔飞机 fēijī〕に乗ればいくらかかりますか？

⑫ 図書館は毎日朝8時から夜10時まで開館し〔开门 kāimén〕ている。(以上“到”を用いる)

Ⅱ．動作・行為に関与する人や事物を導く前置詞〘T.13.2〙

① 君は彼女と結婚したいのか？

② 僕も彼女と知り合いになりたいなあ。

③ あなたにご相談し〔商量 shāngliang〕たいことが一つあります。(以上“跟”を用いる)

④ 先生が学生に『論語』〔《论语 Lúnyǔ》〕を講義する〔讲 jiǎng〕。

⑤ 明日きっとあなたにお電話します。

⑥ お母さんがマオマオ〔毛毛 Máomao〕にセーターを１着〔件 jiàn〕編んでやった。(以上“给”を用いる)

# 第 14 課　和谐共存(3)
## ——連用修飾②〈時間詞・副詞〉

Wáng Xīnxīn: Jīntiān lái de zhè dìfang kě zhēn yuǎn, guāng diànchē jiù zuòle yí ge duō xiǎoshí.

Xú Yì: Cái yí ge duō xiǎoshí, búsuàn tài yuǎn ba. Hǎo, wǒmen zǒu ba.

Wáng Xīnxīn: Nǐ shì Běijīng rén ba. Běijīng jiāowài yǒu méiyǒu zhèyàng de dìfang?

Xú Yì: Wǒ hǎohāorde xiǎng yì xiǎng. Duì! Sì nián qián wǒ dàoguo Fángshān de yí ge xiāngcūn, nàr de fēngjǐng yǒudiǎnr xiàng zhèr, hěn piàoliang!

Wáng Xīnxīn: Wǒ nánfāng rén, zhǐ zhīdao Běijīng shìnèi de zhùmíng lǚyóu jǐngdiǎn.

Xú Yì: Kuài shíyī diǎn le. Zánmen kuài diǎnr zǒu ba.

王欣欣：今天来的这地方可真远，光电车就坐了一个多小时。

徐　逸：才一个多小时，不算太远吧。好，我们走吧。

王欣欣：你是北京人吧。北京郊外有没有这样的地方？

徐　逸：我好好儿地想一想。对！四年前我到过房山的一个乡村，那儿的风景有点儿像这儿，很漂亮！

王欣欣：我南方人，只知道北京市内的著名旅游景点。

徐　逸：快十一点了。咱们快点儿走吧。

## 語　釈

1 jīntiān　今天　［時間詞］→学習のテーマ 14.1

dìfang　地方　［名詞］ところ；場所。

guāng　光　［副詞］（範囲を限定して）ただ；（～）だけ。▶ここでは名詞の前に用いられている。

jiù　就　［副詞］→学習のテーマ 14.2 ①

xiǎoshí　小时　［名詞］～時間。→第 9 課「時間量の表現」（127 頁）

3 cái　才　［副詞］→学習のテーマ 14.2 ②

búsuàn　不算　［動詞］～と見なされない；～というほどではない。

zǒu　走　［動詞］出発する；立ち去る；出かける。

4 Běijīng　北京　［固有名詞］北京。▶地名。“北京人”は「北京の人；北京出身者」という意味の連体修飾構造。

jiāowài　郊外　［名詞］郊外。

5 hǎohāor　好好儿　［状態詞］ちゃんとしている；きちんとしている；ちゃんと；きちんと；十分に。▶形容詞の重ね型の意味と用法については，『中国語Ⅱ』文法のポイント 5.1 を参照。

de　地　［助詞］→学習のテーマ 14.3

xiǎng　想　［動詞］考える。

dào　到　［動詞］（～へ）行く。

Fángshān　房山　［固有名詞］房山（ぼうさん）。▶地名。北京の西南近郊に位置する区。

6 xiāngcūn　乡村　［名詞］農村；田舎。

xiàng　像　［動詞］（～に）類似している；似ている；～のようである。

piàoliang　漂亮　［形容詞］美しい；きれいである。

7 nánfāng　南方　［名詞］（中国の）南方。▶領域としての中国は南北に分けて語られることが多く，その境界はおおよそ淮河（わいが）・秦嶺（しんれい）線にある。それ以北を“北方 běifāng”，以南を“南方”と呼ぶ。“南方”は長江流域やそれより南の地域を指す呼称。“南方人”で

「(北方人に対する) 南方人；南方出身者」の意。

**zhǐ　只**　[副詞] →学習のテーマ 14.2 ③

**zhīdao　知道**　[動詞] 知っている；分かっている。

**shìnèi　市内**　[名詞] 市内。

**zhùmíng　著名**　[形容詞] 著名である；有名である。

**lǚyóu　旅游**　[動詞] 観光する；旅行する。▶ここでは名詞として機能している。

**jǐngdiǎn　景点**　[名詞] 景勝地；観光スポット。

8 **kuài～le　快～了**　→読解のヒント 14.1

**diǎn　点**　[量詞] ～時 (じ)。→第 14 課「時刻の表現」(193 頁)

**kuài　快**　[形容詞] (速度が) 速い。

**diǎnr　点儿**　→読解のヒント 14.2

## 学習のテーマ

### Ⅰ．連用修飾構造(2)

副詞はもっぱら連用修飾語として用いられる。

すでに述べたように（第 13 課），連用修飾構造において中心語となるのは主に動詞と形容詞であるが，実は副詞が修飾するのはこれらの語だけではない。連用修飾とは正確には述語になり得る語・フレーズに対する修飾構造であるので，例えば名詞述語文の述語になり得る名詞句は，副詞の修飾を受けることができる（学習のテーマ 14.4 の例文を参照。なお,「述語になり得る語・フレーズ」は同時に主語や目的語にもなり得るので，連用修飾とは述語に対する修飾関係のみを指すのではない)。

#### 14.1　時間の表現

時間の表現には，時間軸上のある点（あるいは先後関係）を表す時点の表現（時間詞）と，一定の時間幅を表す時量の表現とがある。

時点の表現は主語の前もしくは後ろに用いて，動作・行為や事態が発生する時点を表す。

＜時点の表現＋主語(S)＋述語(P)＞
＜主語(S)＋時点の表現＋述語(P)＞

下 个 月 他 从 北京 回来。
Xià ge yuè tā cóng Běijīng huílái.
［来月，彼は北京から帰ってくる。］

“火车 什么时候 开 呀?” “马上 就 开。”
“Huǒchē shénmeshíhou kāi ya?” “Mǎshàng jiù kāi.”
［「列車はいつ出発するんだい？」「もうすぐ出るよ。」］

一方，時量の表現が動詞の前に用いられると，その時間内にどのような事態が発生するかを表す。

<主語(S)＋時量の表現＋述語(P)>

我　已经　一　年　没有　回家　了。
Wǒ yǐjing yì nián méiyou huíjiā le.

［私はすでに 1 年間故郷に帰っていない。］

◉なお，時量の表現が動詞の後ろに用いられた場合については，学習のテーマ 9.2 を参照。

## 14.2　副詞の用法

### ①　“就”

数量の多いことを強調し，「そんなにも；それほどまで」という気持ちを表す。

他　就　吃掉了　这么　多。
Tā jiù chīdiàole zhème duō.

［彼はこんなにもたくさん平らげてしまった。］

◉“就”のその他の用法については，読解のヒント 10.2，同 14.1，第 15 課語釈，『中国語 II』文法のポイント 15.1 等を参照。

### ②　“才”

副詞“才”は数量表現とともに用いられ，数量の少なさや程度の低さを表す。「わずかに～；たった～」。

小孩子　才　六　岁　懂　什么　呀!
Xiǎoháizi cái liù suì dǒng shénme ya!

［子どもはまだわずか 6 歳なのに，いったい何が分かるというのか！］

我　才　吃了　一　碗　饭，饿死　了。
Wǒ cái chīle yì wǎn fàn, èsǐ le.

［僕はご飯を 1 膳しか食べていないので，お腹が減ってたまらない。］

◉“オ”のその他の用法については，『中国語Ⅱ』の各課語釈を参照。

③ **“只”**

動作・行為の及ぶ範囲を「ただ；わずかに（～だけ）」と限定する。

不 只 日本 有 这 个 问题， 中国 也 有。
Bù zhǐ Rìběn yǒu zhèi ge wèntí, Zhōngguó yě yǒu.

［この問題は日本にだけ存在するのではなく，中国にも存在する。］

这 件 事 只 有 他 一 个 人 知道。
Zhèi jiàn shì zhǐ yǒu tā yí ge rén zhīdào.

［このことは彼一人しか知らない。］

◉数量表現とともに用いられると，数量が少数に限定されることを表す。

## 14.3 連用修飾語を作る“地”

ある語やフレーズが連用修飾語になるとき，後ろに“地 de”を伴うことがある。描写性の強い連用修飾語は，しばしば“地”を伴う。

修飾語 中心語
＜語・フレーズ＋“地”＋動詞(句)＞

她 热情地 招待 朋友。 〖二音節形容詞〗
Tā rèqíngde zhāodài péngyou.

［彼女は友人を温かくもてなす。］

他 拄着 手杖 慢慢地 走 了。 〖形容詞重ね型〗
Tā zhǔzhe shǒuzhàng mànmànde zǒu le.

［彼は杖をついて，ゆっくりと去って行った。］

◉形容詞の重ね型については『中国語Ⅱ』文法のポイント5.1を参照。

她 不 高兴 地 瞪了 他 一 眼。　〖形容詞句〗
Tā bù gāoxìng de dèngle tā yì yǎn.

［彼女は不機嫌そうに彼をじろりと睨みつけた。］

父母 吃惊地 问 儿子："这 到底 是 怎么 回 事？"　〖動詞〗
Fùmǔ chījīngde wèn érzi: "Zhè dàodǐ shi zěnme huí shì?"

［両親は驚いて息子に尋ねた。「これは一体どういうことだ？」］

## Ⅱ. その他のポイント

### 14.4 名詞述語文

通常，文の述語になるのは動詞や形容詞であるが，名詞（句）も一定の条件の下で述語になることができる。これを「名詞述語文」という。名詞述語文の述語になるのは，年月日・時刻などを含む数量表現や出身地（原籍）などを表す名詞句である。

なお，述語の名詞句は副詞の修飾を受けることができる（→学習のテーマ14.2）。

述語(P)

<主 語(S)（＋副詞）＋名 詞 句>

爸爸 已经 六十五 岁 了。
Bàba yǐjing liùshiwǔ suì le.

［父はすでに 65 歳です。］

你们 一共 多少 人?
Nǐmen yígòng duōshao rén?

［君たちは全部で何人ですか？］

明天 星期五 吧。
Míngtiān xīngqīwǔ ba.

［明日は金曜日ですよね。］

李 老师 湖南 人。
Lǐ lǎoshī Húnán rén.

［李先生は湖南（省）の出身である。］

なお，名詞述語文では否定文は成立しない。例えば「明日は金曜日ではありません。」という意味の否定文を作る場合は，動詞“是”を用いて表現する。

明天 不 是 星期五。
Míngtiān bú shì xīngqīwǔ.

## ◎ 読解のヒント ◎

### 14.1　近接未来を表す“了”

副詞“就 jiù”や“快 kuài”［すぐに；まもなく］，能願動詞“要 yào”［～しようとする］などと呼応し，述語で述べられている状況・事態の発生が間近に迫っていることを表す。新たな事態の発生を先取りした表現である。

火车　快 进 站 了。
Huǒchē kuài jìn zhàn le.

［列車がまもなく駅に入ってくる。］

妈妈　明年　就 要 退休 了。
Māma míngnián jiù yào tuìxiū le.

［お母さんはまもなく来年には退職する。］

◉“就～了”および“就要～了”は時間詞（ここでは“明年”）と一緒に用いることができる。一方，“快～了”および“快要～了”は時間詞とともに用いることができない。

太阳　快 要 落山 了。
Tàiyáng kuài yào luòshān le.

［太陽がまもなく（山に）沈む。］

◉以上，副詞と能願動詞を同時に用いることがある。

### 14.2　数量表現“一点儿”

〈形容詞＋“(一)点儿”〉の形で用い，何らかの基準と比べたときに，その差がわずかであることを表す。“点儿”は量詞ではあるが，前に用いることができる数詞は“一”あるいは“半 bàn”［半分；二分の一］のみであり，また“一”は省略することができる。

明天　星期一，你 早 点儿　上床　吧。
Míngtiān xīngqīyī, nǐ zǎo diǎnr shàngchuáng ba.

［明日は月曜だから，早めに寝なさい。］

◉形容詞句“早点儿”は動詞“上床”に対する連用修飾語として用いられている。

这　双　鞋　太紧了，我　要　大　一点儿　的。
Zhèi shuāng xié　tài jǐn　le,　wǒ　yào　dà　yìdiǎnr　de.

［この靴はきつすぎます。もう少し大きいのが欲しいのですが。］

◉〈形容詞＋“(一）点儿”〉は，動作量や回数を表す表現と同じ性質をもつ。→学習のテーマ 9.2

## 【練習問題】（作文）

Ⅰ．時間の表現〘T.14.1〙

① あなたは毎日昼寝をし〔睡午觉 shuì wǔjiào〕ますか？

② 来週，一緒に王府井〔王府井 Wángfǔjǐng〕に行きましょうよ。

③ 「あなたはいつ卒業し〔毕业 bìyè〕ましたか？」「私は今年の３月に卒業しました。」

④ こんな分厚い本を私は一日で読み終わることができません〔看不完 kànbuwán〕。

Ⅱ．副詞の用法〘T.14.2〙

① 昨日は２回も銀行へ（走っ〔跑 pǎo〕て→）行って，本当に疲れてしまった。

② ３年前上海に行ったとき〔~的时候 de shíhou〕，彼女は一度に５万元余りの品物を買った。（以上“就”を用いる）

③ まだ５分しか経っていないから，もう〔再 zài〕ちょっとお待ちなさい。

④ 私は数ページ〔页 yè〕読んだだけで放りだし〔放下 fàngxià〕てしまった。

⑤ 俺たちは一日中働い〔干 gàn〕て，たった数元しか稼げ〔挣到 zhèngdào〕ない。

⑥ まだ９時なのに彼は眠っ〔睡觉 shuìjiào〕てしまった。（以上“才”を用いる）

⑦ 君はほらを吹く〔说大话 shuō dàhuà〕ことしかできないんだな！

⑧ 日本の都市では，彼女は東京と名古屋〔名古屋 Mínggǔwū〕にしか行ったことがない。

⑨ 90 年代，北京には地下鉄の路線〔地铁线 dìtiě xiàn〕が２本〔条 tiáo〕しかなかった。

⑩ このことは彼一人しか知らない。（以上“只”を用いる）

Ⅲ．連用修飾語を作る“地”〘T.14.3〙

① 我々はこの問題を慎重に処理し〔处理 chǔlǐ〕なければならない。（「慎重である」は“慎重 shènzhòng”）

② あなたはしっかりと病人〔病人 bìngrén〕の面倒を見〔照顾 zhàogu〕なければ

ならない。(「しっかりと」は“好好儿 hǎohāor”)

③ 彼はとてもまじめに宿題をしている。(「まじめである」は“认真 rènzhēn”)

④ 彼はすまなそうに少し笑っ〔笑 xiào〕た。(「申し訳なく思う」は“抱歉 bàoqiàn”)

Ⅳ. 名詞述語文〖T.14.4〗

① 私の妹は25歳です。

② いま午後2時15分です。

③ 彼はもう6年生〔年级 niánjí〕になった。

④ 今日は水曜日ではありません。

⑤ 一人二つですよ。

⑥ (あなたたちは何名であるのか→) 何名様ですか?

Ⅴ. 近接未来を表す“了”〖H.14.1〗

① もうすぐ11時になる。

② 彼らはまもなく結婚する。

③ 父は明後日退院する〔出院 chūyuàn〕。

④ 彼はまもなく30歳になる。

Ⅵ. 数量表現“一点儿”〖H.14.2〗

① 少し寒いので, もう少し厚め〔厚 hòu〕の掛け布団〔被子 bèizi〕をください。
(“被子”の量詞は“床 chuáng”)

② 彼女は以前仕事のプレッシャー〔压力 yālì〕が大きかったが, いまは少し楽に〔轻松 qīngsōng〕なった。

### ❖主な時間詞❖

中国語においてよく使われる時間詞には次のようなものがある。

| 前天 | 昨天 | 今天 | 明天 | 后天 | 每天 |
|---|---|---|---|---|---|
| qiántiān | zuótiān | jīntiān | míngtiān | hòutiān | měitiān |
| ［おととい］ | ［昨日］ | ［今日］ | ［明日］ | ［あさって］ | ［毎日］ |

| 上 个 星期 | 这 个 星期 | 下 个 星期 | 每 个 星期 |
|---|---|---|---|
| shàng ge xīngqī | zhèi ge xīngqī | xià ge xīngqī | měi ge xīngqī |
| ［先週］ | ［今週］ | ［来週］ | ［毎週］ |

| 前年 | 去年 | 今年 | 明年 | 后年 | 每年 |
|---|---|---|---|---|---|
| qiánnián | qùnián | jīnnián | míngnián | hòunián | měinián |
| ［おととし］ | ［昨年］ | ［今年］ | ［来年］ | ［再来年］ | ［毎年］ |

| 早上 | 上午 | 中午 | 下午 | 晚上 |
|---|---|---|---|---|
| zǎoshang | shàngwǔ | zhōngwǔ | xiàwǔ | wǎnshang |
| ［朝］ | ［午前］ | ［お昼］ | ［午後］ | ［夕方；夜］ |

### ❖時刻の表現❖

時刻は＜数詞＋量詞＞の組み合わせによって表現される。用いる量詞は「時，分，秒」を表す“点 diǎn”，“分 fēn”，“秒 miǎo”であるが，表現の基本は日本語と変わらない（(1)，(2)……等を付した箇所については以下の説明を参照)。

4:00　四 点 （钟）(1)
　　　sì diǎn (zhōng)

5:02　五 点 零(2) 二 分
　　　wǔ diǎn líng èr fēn

6:15　六 点 十五 分；六 点 一 刻[3]
liù diǎn shíwǔ fēn ; liù diǎn yí kè

7:30　七 点 三十 分；七 点 半
qī diǎn sānshí fēn ; qī diǎn bàn

8:45　八 点 四十五 分；八 点 三 刻[3]；差[4] 一 刻 九 点
bā diǎn sìshiwǔ fēn ; bā diǎn sān kè ; chà yí kè jiǔ diǎn

2:22　两 点[5] 二十二 分
liǎng diǎn èrshi'èr fēn

～日本語との違い～

(1) 毎正時をいうときには“钟 zhōng”［鐘］を付けることがある。（＜数詞＋量詞＋名詞＞の構造）

(2) 「分」が一桁の場合は，十の桁が跳んでいるという意味で，しばしば“零 líng”を用いる。

(3) “刻 kè”は「四分の一時間」，すなわち 15 分を表す。45 分は“三刻”となる。

(4) 「何分前」というときには「足りない；欠けている」という意味の動詞“差 chà”を用いる。“差一刻九点”は「9 時 15 分前」という意味であるし，「10 時 57 分」は“差三分十一点”となる。

(5) 「2 時」というときには序数「二 èr」ではなく基数（計量数）「两 liǎng」を用いる（→第 4 課「数の表現」）。なぜなら“两点钟”とは元来「鐘二つ」（を打つ時刻）を表すからである。

# 第 15 課　和谐共存(4)——動補構造

Xú Yì: Wǒmen yánzhe zhèi tiáo xiǎolù zǒushangqu ba. Cóng shānshang kàndào de fēngjǐng yīnggāi fēicháng hǎo.

Wáng Xīnxīn: Nǐ zǒude tài kàui le, děngdeng wǒ.

Wáng Xīnxīn: Méi xiǎngdào Dōngjīng hái liúxiàle zhèyàng de fēngjǐng! Wǒ lái pāi yíxià. Nǐ kàn, zhèi zuò shān jǐn āizhe tiándì hé fángwū.

Xú Yì: Duì, zhèi zuò shān gēn cūnmín de shēnghuó xī xī xiāng guān. Rìběn rén bǎ zhèyàng de shān jiàozuò “lǐshān”.

Wáng Xīnxīn: “Lǐshān” de “lǐ” shì shénme yìsi?

Xú Yì: “Lǐ” jiù shì cūnzhuāng de yìsi. Zài zhèr, rénmen yǔ zìrán héxié gòngcún.

徐　逸：我们沿着这条小路走上去吧。从山上看到的风景应该非常好。

王欣欣：你走得太快了，等等我。

王欣欣：没想到东京还留下了这样的风景！我来拍一下。你看，这座山紧挨着田地和房屋。

徐　逸：对，这座山跟村民的生活息息相关。日本人把这样的山叫做“里山”。

王欣欣：“里山”的“里”是什么意思？

徐　逸：“里”就是村庄的意思。在这儿，人们与自然和谐共存。

## 語　釈

1 yánzhe　沿着　［前置詞］～に沿って。

xiǎolù　小路　［名詞］小道；細い道。

zǒushangqu　走上去　（歩いて上の方へと）登っていく。▶＜動詞＋方向補語＞の構造。「歩く」という意味を表す動詞“走”に，人や事物が「下から上へと移動していく」ことを表す方向補語“上去”が結びついた動補構造。→学習のテーマ 15.1,『中国語Ⅱ』文法のポイント 2.1

shānshang　山上　山頂。▶＜名詞＋方位詞＞の構造。

kàndào　看到　目に入る；目が届く。▶＜動詞＋結果補語＞の構造。「見る」という意味を表す動詞“看”に，対象物への「到達」を表す結果補語“到”が結びついた動補構造。→学習のテーマ 15.2,『中国語Ⅱ』読解のヒント 1.1

2 yīnggāi　应该　［能願動詞］当然～のはずである；～に違いない。

fēicháng　非常　［副詞］とても；非常に。▶程度副詞の一つ。

3 -de　V得　［助詞］→学習のテーマ 15.3

děng　等　［動詞］待つ。

5 méi　没　［副詞］→学習のテーマ 15.2

xiǎngdào　想到　（～に）考えが及ぶ；思いつく；気がつく。▶＜動詞＋結果補語＞の構造。

liúxià　留下　とどまる;残る。▶＜動詞＋方向補語＞の構造。“留”は「とどまる」という意味を表す動詞。方向補語“下”は「上から下へと移動していく」ことを表す本来の用法ではなく，動作の結果，事物がその場に残りとどまることを表す派生用法。→『中国語Ⅱ』文法のポイント 2.2

lái～　来V　［動詞］→読解のヒント 15.1

6 zuò　座　［量詞］▶山などの自然物やビルなどの建造物等の数を数えるのに用いる。

shān　**山**　［名詞］山。

jǐn　**紧**　［形容詞］ぴったりとしている；固くしまっている。▶ここでは連用修飾語としての用法。

āi　**挨**　［動詞］近寄る；くっつく。

tiándì　**田地**　［名詞］田畑。

fángwū　**房屋**　［名詞］家屋；（建物としての）家。

7　cūnmín　**村民**　［名詞］村民；村人。

shēnghuó　**生活**　［名詞］生活。

xī xī xiāng guān　**息息相关**　密接な関わり合いがある。

bǎ　**把**　［前置詞］→学習のテーマ 15.4

8　jiàozuò　**叫做**　［動詞］～と称する；～と呼ぶ。

lǐshān　**里山**　［名詞］里山（さとやま）。▶日本語語彙。

9　yìsi　**意思**　［名詞］意味；内容。

10　jiù　**就**　［副詞］（強い肯定を表し）ほかでもなく；まさしく。

cūnzhuāng　**村庄**　［名詞］村；村落。

rénmen　**人们**　［名詞］人々。

yǔ　**与**　［接続詞］（～）と（…）。▶＜A＋“与”＋B＞（「A と B」）という形で並列の関係を表す。

zìrán　**自然**　［名詞］自然。

## 学習のテーマ

### I．動補構造

補語は動詞の後ろに置かれ，動詞と組み合わさることで一つの複合動詞を構成する（結果補語・方向補語等）。

<動詞(V)-補　語>
複合動詞

補語は広い意味での動作遂行の結果を述べるものであり，動作の実現過程をその結果の領域にまで拡大して表現しようとするものである。なお，ここでいう「結果」とは，結果としての状態や，空間的位置の変化等を含む。

補語には方向補語・結果補語・様態補語などがある。

#### 15.1　方向補語

“来 lái”［来る］，“去 qù”［行く］，“上 shàng”［上る］，“进 jìn”［(中に) 入る］や，あるいはこれらを組み合わせた“上来 shànglai”［上ってくる］，“进去 jìnqu”［入っていく］などの空間移動を表す動詞を「方向動詞」という。方向動詞を他の動詞の後ろに直接くっつけると「方向補語」となる。

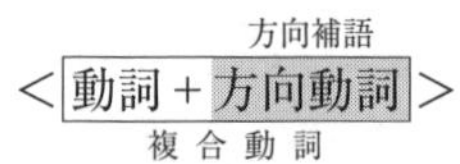


方向補語は主語や目的語によって表される人や事物が，動詞の表す動作・行為の遂行に伴い，空間的にどのように移動するのかを表す成分である。

沿着　　这　条　小路　　走上去　吧。（本課課文）
Yánzhe zhèi tiáo xiǎolù zǒushangqu ba.

この“走上去”という複合動詞においては，方向補語が空間移動（この場合は「下から上へと移動していく」）という本来の意味を保っている。ところが“没想到东京还留下着这样的风景！”の“留下”は，「とどまる；残る」という意味であるから，ここではすでに空間移動という原義が失われている。このような本来の意味から派生したさまざまな用法が，方向補語には数多く備わっている。これを方向補語の「派生用法」という。

◉方向補語の詳細については『中国語Ⅱ』文法のポイント 2.1 を参照。また，派生用法についても文法のポイント 2.2 をはじめ『中国語』Ⅱで多数取り上げている。

## 15.2　結果補語

動詞に直接くっついて動作遂行の結果を表す成分を「結果補語」という。

結果補語

<動詞(V)-形容詞／自動詞>

複合動詞

結果補語に用いられるのは形容詞や一部の自動詞である（ただし結果補語を伴った複合動詞が目的語を伴うことができるか否かは，複合動詞全体の意味によって決定される）。

動詞＋形容詞

长大　［成長して大きい→（大きく）成長する］
zhǎngdà

洗干净　［洗って清潔である→きれいに洗う］
xǐgānjìng

走远　［離れていって遠い→遠くへ行く；遠ざかる］
zǒuyuǎn

動詞＋自動詞

看懂　［読んで理解する→読んで分かる］
kàndǒng

说完　　[話して終わる→話し終える]
shuōwán

带走　　[身につけて立ち去る→持ち去る]
dàizǒu

你 应该 学好 这一 课 的 内容。
Nǐ yīnggāi xuéhǎo zhèyí kè de nèiróng.

[君はこの課の内容をしっかり学ばなければならない。]

他 打破了 一 扇 玻璃窗。
Tā dǎpòle yí shàn bōlichuāng.

[彼は窓ガラスを一枚叩き割った。]

◉結果補語を伴う動詞は，一つの複合動詞として後ろに動詞接尾辞“了”や“过”を伴うことができる。

土豆 已经 煮熟 了。
Tǔdòu yǐjing zhǔshú le.

[ジャガイモが煮あがったよ。]

◉上の二つの例文のように，結果補語を用いてすでに発生した事態・状況を表現する場合，それは結果を含んだ動作・行為の実現過程がすでに完了していることを意味するか，あるいはそのような結果としての変化がすでに実現済みであることを意味する。したがって，結果補語による発生済みの事態・状況の表現には，一般に動詞接尾辞の“了”や語気助詞の“了”が用いられる。

我 还 没 写完 信 呢。
Wǒ hái méi xiěwán xìn ne.

[私はまだ手紙を書き終えていません。]

◉上例とは逆に，そのような事態・状況がいまだ発生していない場合，それは実現過程の未完了もしくは変化の未実現を表す。したがって結果補語の否定には，一般に“没有”または“没”を用いる。

◉『中国語Ⅱ』では多数の結果補語を取り上げている。各課の「文法のポイント」や「読解のヒント」を参照のこと。

## 15.3　様態補語

動作･行為の結果の状態を表す補語を「様態補語」という。ここでいう「状態」とは話し手がその結果の状態について下した**評価**のことである。

このタイプの様態補語は次のような形で表すことができる。

様態補語

＜主語(S)(＋動詞(V))＋目的語(O)＋動詞(V)-“得”＋形容詞(句)＞

すなわち，様態補語を伴う動詞には助詞“得”が後接する。また，このタイプの様態補語は形容詞（句）によって構成される。さらに，目的語がある場合にはこれを動詞の前に持ち出し，その前にさらに動詞を置くことができる。

孩子　长得　很　快。
Háizi zhǎngde hěn kuài.
［子どもの成長は早い。］

她（学）汉语　学得　非常　认真。
Tā (xué) Hànyǔ xuéde fēicháng rènzhēn.
［彼女は中国語を非常にまじめに勉強している。］

黑板上　的　字　写得　不　大　清楚。
Hēibǎnshang de zì xiěde bú dà qīngchu.
［黒板の字はあまりはっきりと書かれていない。］

◉否定表現を作る場合は，様態補語の形容詞句を否定形にする。

◉このほかのタイプの様態補語については，『中国語Ⅱ』文法のポイント 4.2 を参照。

## Ⅱ. その他のポイント

### 15.4 “把”構文

主語（X）によって表される動作主体（動作主）が，前置詞“把”の目的語（Y）によって表される特定の動作対象（受動者）に対して何らかの積極的な働きかけを行い，その結果，動作対象にどのような変化が生じたか（もしくは生じることが期待されるか）を述べる構文である。

動作主体　　動作対象　　動作＋働きかけの結果

<主語(X)＋“把”＋目的語(Y)＋動　詞　句>

前置詞句

動詞句は一般に「働きかけの結果」としての変化（状態・空間的位置の変化や，ある一定の動作の完結など）を含む表現となり，結果補語・方向補語などの各種補語や，限界性を含んだ動詞句表現がこれに充てられる。

結果補語

你 要 把 衣服 洗干净。

Nǐ yào bǎ yīfu xǐgānjìng.

［君は服をきれいに洗わなければならない。］

方向補語

妈妈 把 孩子 抱回去 了。

Māma bǎ háizi bàohuiqu le.

［お母さんは子どもを抱きかかえて帰って行った。］

動詞句表現

你 把 黑板上 的 字 再 念 一 遍 吧。

Nǐ bǎ hēibǎnshang de zì zài niàn yí biàn ba.

［黒板の字をもう一度読んでみなさい。］

◉ Y＝動作対象は話し手と聞き手の間ですでに特定された人や事物である。

“把” 構文の否定は，動作対象にそのような変化がまだ生じていないことを表すものなので，一般には “没（有）” によって否定される。

我　没(有)　把 衣服　洗干净。
Wǒ méi(you) bǎ yīfu xǐgānjìng.
［私は服をきれいに洗っていない。］

また，命令文に用いられた “把” 構文の否定には，禁止を表す “别 bié” が用いられる。

動詞句表現
你 别 把 这 些 话 告诉　别人。
Nǐ bié bǎ zhèi xiē huà gàosu biéren.
［自分の責任を他人に押しつけてはいけない。］

## ◎ 読解のヒント ◎

### 15.1　積極性の“来”

＜“来”＋動詞(句)＞の形で用いて，これからある動作・行為に積極的に取り組む気持ちを表す。

那　件　事　我　来　谈谈　个人　的　看法。
Nèi jiàn shì wǒ lái tántan gèrén de kànfǎ.

［あのことについて個人的な見解をお話ししましょう。］

你　先　坐着，我　来　做　饭。
Nǐ xiān zuòzhe, wǒ lái zuò fàn.

［とりあえず座ってて。私がご飯を作りますから。］

◉＜動詞＋“着”＞を命令文に用いると，「～していなさい」という意味を表す。

◉この用法は連動文の第一の動詞に“来”を用いたものだが，実質上，移動の意味は失われている。また“来”の代わりに“去”を用いても同様の意味を表すことができる。

## 【練習問題】(作文)

Ⅰ. 方向補語〖T.15.1〗

① 私たちは先に（帰って行く〔回去 huíqu〕→）帰りましょう。

② （中に入っていく〔进去 jìnqu〕→）中に入ってもよろしいでしょうか？

③ いきなり〔一下子 yíxiàzi〕何人かの子どもが（走ってくる〔跑来 pǎolai〕→）駆け寄ってきた。

④ 彼女は部屋の中〔房间里 fánjiāngli〕から（歩いて出て行った〔走出去 zǒuchuqu〕→）出て行った。

⑤ その時父も上の階〔楼 lóu〕に上がってき〔上来 shànglai〕た。

Ⅱ. 結果補語〖T.15.2〗

① 子どもたちはみんな大きくなった。

② 私は（歩いて疲れる→）歩き疲れました。

③ 彼女は飲み終わりましたが，私はまだ飲み終わっていません。

④ 私はまだ（食べて満腹である〔饱 bǎo〕→）お腹いっぱいじゃないよ。

⑤ その携帯はどこで（買って手に入れる〔买到 mǎidào〕→）買うことができますか？

Ⅲ. 様態補語〖T.15.3〗

① 妹は走る〔跑 pǎo〕のが遅い。

② 彼女は早く来たのか？

③ 彼の書いた字〔字 zì〕はとても整っている〔工整 gōngzhěng〕。

④ 彼はロシア語を話すのが流暢ではない。(「流暢である」は“流利 liúlì”)

⑤ 彼は油絵〔油画 yóuhuà〕を描く〔画 huà〕のが上手ではない。

Ⅳ. “把”構文〖T.15.4〗

① この雑誌〔杂志 zázhì〕を（手にし〔拿 ná〕てその場を離れる〔走 zǒu〕→）持って行ってもいいですよ。

② 昨日私は定期券〔月票 yuèpiào〕をなくし〔丢 diū〕てしまった。

③ 姉は髪の毛〔头发 tóufa〕を（切っ〔剪 jiǎn〕て短い〔短 duǎn〕→）短く切った。

④ 先生は（授業の終了〔下课 xiàkè〕時間を 15 分間引き延ばし〔拖延 tuōyán〕た→）授業を 15 分間延長した。

⑤ 今回は，私は（料理を作って〔烧菜 shāocài〕焦がす〔糊 hú〕→）料理を焦がしませんでした。

# 練習問題解答例

## 第１課

（省略）

## 第２課

Ⅰ.

① 我买书。

② 他来北京。

③ 她爱你。

Ⅱ.

① 我们欢迎您（你）！

② 他叫徐逸。

③ 咱们买这个（吧）。 ※“吧”→学習のテーマ 5.6

Ⅲ.

① 你们看那个。

② 这个村子叫王家村。

③ 你要哪个？

## 第３課

Ⅰ.

① 这个行李重，那个行李轻。

② 这些行李真重！

③ 这些菜好吃，那些菜不好吃。

④ 这个菜特别好吃。

⑤ 那些孩子都很乖。 ※“都”→読解のヒント 4.1

⑥ 我很高兴。

Ⅱ.

① 他不买书。

② 她不来东京。

③ 那些孩子不吃早饭。

④ 这些行李不重。

⑤ 今天不很热。

⑥ 她很不满意。

Ⅲ.

① 我买书，他也买书。

② 她们去百货大楼，也去书店。

③ 哥哥去学校了，弟弟也去幼儿园了，我很寂寞。

④ 他也很高兴。

## 第4課

Ⅰ.

① 你现在学汉语，还是学俄语?

② 咱们打乒乓球，还是踢足球?

③ （是）我去，还是你来?

④ （是）王欣欣买，还是徐逸买?

Ⅱ.

① 王欣欣去不去东京?

② 您吃不吃肉?

③ 你冷不冷?

④ 这些菜好吃不好吃? （“好不好吃?” とも言う）

Ⅲ.

① “谁去哈尔滨?”“徐逸去哈尔滨。”

② “你等谁？”“我等王欣欣。”
③ 什么叫爱情？
④ “你织什么？”“我织毛衣。”
⑤ “你买什么书？”“我买爱情小说。”
⑥ 你学什么专业？

Ⅳ.

① 我们都去中国。
② 她们都姓张。
③ 东京、北京，我们都去。
④ 你们都去哪些国家？
⑤ 我们都不买书。
⑥ 我们不都买书。

Ⅴ.

① 他有点儿不高兴。
② 今天有点儿冷。
③ 我有点儿不放心。
④ 现在他有点儿着急。

## 第5課

Ⅰ.

① 人很多吧。
② 他们也不去动物园吧？
③ 你有点儿不高兴吧？
④ 她们也都喜欢这些书吧。

Ⅱ.

① 王欣欣去东京吗？

② 您认识他吗?

③ 这些菜好吃吗?

④ 他们都学英语吗?

⑤ “她不吃肉吗？”“不吃。”

⑥ “他勇敢吗？”“他很勇敢。”

Ⅲ.

① 下午我去学校，你呢?

② “以前我不认识她。”“现在呢？”

Ⅳ.

① 您来吧。

② 明天咱们去颐和园吧。

③ 我不吃，你吃吧。

④ 徐逸来，你也来吧。

## 第 6 課

Ⅰ.

① 我饿了。

② 树叶红了。

③ 她来了。

④ 小红是小学生了。

⑤ 部队已经出发了。

⑥ 他早就还书了。

⑦ 一直身体很好，可最近不太好了。

⑧ 大家都不说话了。

Ⅱ.

① 今年春天有点儿冷呢。

② 她胆子可大呢。

③ 他正在打电话呢。

④ “徐逸呢？”“他上厕所呢。”（一つ目の“呢”は，省略疑問文を作る語気助詞である→学習のテーマ 5.5）

Ⅲ.

① “你买书吗？”“书我不买。我买笔。”

② 那辆自行车我不骑了。

③ 鸡肉我吃，猪肉我不吃。

④ “你学习法语吗？”“德语我学习，法语我不学习。”

Ⅳ.

① 他在你那儿吗？

② 她不在长沙。

③ 我家原来在武汉。

④ 那个店现在已经不在了。

Ⅴ.

① 你都去哪儿？

② 咱们走吧！快离开这儿吧！

③ 他们也住那儿吗？

④ 您经常来这儿吧。

Ⅵ.

① 昨天太热了。

② 太感谢你了。

③ 我不太喜欢这些菜。

④ 她太不小心了！

Ⅶ.

① 咱们闲谈一会儿吧。

② 您坐一会儿吧。
③ 一会儿我再告诉你。
④ 你一会儿再来吧。

第7課

Ⅰ.

① "一个月，你看几本书？""我看五本。"
② "早上你喝几杯咖啡？""我喝两杯。"
③ 那三条围巾我不买了。
④ 我很喜欢这两部片子。
⑤ 咱们去哪家餐厅？
⑥ 你不要这辆自行车了吧。
⑦ "他要哪款手机？""他要这款。"
⑧ 哪位是王老师？

Ⅱ.

① 最近你的工作怎么样？
② 他们很疼爱自己的独生女。
③ 这是刚出版的书。
④ 你喝的咖啡好喝吗？
⑤ 他是一个非常勇敢的人。
⑥ 那个性格开朗的小伙子很爱开玩笑。

Ⅲ.

① 前天我哥哥去北京了。
② 这位是你女朋友吗？
③ 去年我们单位破产了。
④ 您儿子做什么工作？

Ⅳ.

① 消费者买的是商品。

② 中国人爱吃熟的，日本人爱吃生的。

③ 买这本书的多吗？

④ “世界是你们的，也是我们的，但是归根结底是你们的。”

Ⅴ.

① 王欣欣是留学生吗？

② 这里是颐和园。

③ 他们都是农民吧。

④ 我知道这不是偶然的。

Ⅵ.

① 天气这么热，我今天不走了。

② 你身体那么好，太羡慕你了。

③ 我没想到人这么多。

④ 当时中国人出国不那么容易。

⑤ “他今年多大？”“三十五岁。” ※→学習のテーマ 14.4

⑥ “你多高？”“我身高一米七一。”

⑦ 小学生的学习负担有多重？

⑧ 你看，这根树干多粗啊！

Ⅶ.

① 咱们买多少？

② 你认识多少汉字？

③ 他的房间是多少号？

④ “这家研究所有多少外国专家？”“有一百个外国专家。”（「100 人の外国人専門家」は“一百个外国专家”となり量詞が必要）

## 第８課

Ⅰ.

① 从前他去过东京。

② 锅贴儿我吃过，水饺儿没吃过。

③ 看过那本书的人多吗？

④ “法语和俄语你都学过吗？”“法语我学过，俄语没学过。”

Ⅱ.

① 她买了五张车票。

② 今天早上我喝了两杯牛奶。

③ 他看了那部片子。

④ 今天我参观了故宫。（“看片子”は「映画を見る」という一般的な動作であって，それ自体は終着点が明らかな特定の動作行為とは言えない。一方，“参观故宫”という動作は，「故宫」という特定の事物（固有名詞）を「見学する」ことであり，その終着点は自ずと明らかになっていると言える。したがって，この文では目的語が数量表現等の修飾を受けずとも文が成立する。ちなみに，“看那部片子”も「あの」（“那（一）部”）という限定を伴うことで，終着点が明示された特定の動作行為へと変換されている）

⑤ 咱们吃了饭就去美术馆吧。（第一の動作（“吃饭”）に続いて第二の動作（“去美术馆”）が行われることを表す場合，つまり，「～してから…する；（もしも）～したら…する（だろう）」等の意味を表す場合，目的語は修飾語を伴わず，＜Ｖ了＋Ｏ＞という形をとる。後節にはしばしば副詞“就”が用いられる。→読解のヒント 10.2）

⑥ 我吃了饭了。／我吃饭了。（文末に語気助詞“了”を用いた場合，目的語が修飾語を伴わなくとも文を終えることができる。そのときの意味は＜Ｖ＋Ｏ＋“了”＞にほぼ等しい）

⑦ 她还没有买票呢。

⑧ 我还没有吃饭呢。

Ⅲ.

① 我们正研究着这三个课题呢。

② 那时，老人讲着土改的故事。

③ 他没有等你啊。

④ 天这么冷，她没有穿外衣呀。

⑤ “他躺着呢吧？”“他没有躺着，坐着呢。”

⑥ “窗户开着（呢）吗？”“没有开着。”

⑦ 咱们坐着谈吧。

⑧ 张主任拿着一张地图说明了经济发展的现状。

Ⅳ.

① 他经常这样，我已经习惯了。

② 实际情况并不是这样。

③ 我渴了，你怎么样？

④ 爸爸，您看怎么样？

## 第 9 課

Ⅰ.

① “你什么时候买的这部手机？”“我前天买的。”（“部”は機器類等の数を数える量詞）

② “他在哪儿学的汉语？”“在大连学的。”

③ “这本书是买的吗？”“不是买的，是借的。”

④ “这所学校是谁创办的？”“是美国基督教教会创办的。”

Ⅱ.

① 他昨天游了两百米。

② “你每天喝几杯咖啡？”“我喝一杯。”

③ 我看过两次京剧。

④ 我们等了她二十分钟。

⑤ 我吃了三碗米饭了。

⑥ 我（已经）开了二十年卡车了。

Ⅲ.

① 您尝一尝吧。

② 咱们休息休息吧。

③ 她微笑着看了看他。（すでに実現済みの動作の場合は，しばしば間に動詞接尾辞“了”が用いられる）

④ 他踌躇了一会儿，轻轻地敲了敲门。

Ⅳ.

① 陆老师教我们汉语。

② 大家叫他张师傅。

③ 收了您一百块钱，找您十块钱。

④ 妈妈喂孩子牛奶。

Ⅴ.

① 这幅画儿怎么这么贵？

② 她怎么才来呀？

③ 怎么了？你怎么不回答我的问题？

④ 那么重要的事你怎么没有告诉我？

## 第 10 課

Ⅰ.

① 你想去北京，还是想去广州？

② 我不想吃了。

③ 我学了两年俄语了，还想再学一年。
④ 近的地方不想去，远的地方不能去。
⑤ 你要不要（／想不想）买这个？
⑥ 我要给你一个礼物。
⑦ 这个孩子要一个人去那么远的地方。
⑧ 我们正要吃饭呢。

Ⅱ.

① 这种蘑菇不能吃。
② 这里还能坐着三轮车逛胡同儿。
③ 您能不能再说一遍？
④ 已经决定的事情不能随便更改。
⑤ 大家谁都可以提意见。
⑥ 你明天可以（／能）来吗？
⑦ 这儿不可以（／不能）抽烟。
⑧ 你可以坐公共汽车啊。
⑨ 你会踢足球吗？
⑩ 广东人会讲普通话？
⑪ 她很会说话。
⑫ 他很会演戏。

Ⅲ.

① 这么早出发的话，不会迟到。
② 他一定会成功的。
③ 她怎么会知道的？
④ 看来，他今天不会来了。

Ⅳ.

① 想吃地道的中国菜就去中国。

② 发烧的时候，要（／得）多喝水。

③ 真麻烦，还要（／得）再去一趟银行。

④ 老人家，您不用担心。

⑤ 谁都得（／要）吃饭。

⑥ 今天九点得到（／要）学校。

⑦ 她每天回家都得（／要）弹钢琴。

⑧ 这颗牙得拔掉了。

Ⅴ.

① 家里有谁吗？

② 我害怕哪天会发生大地震。

Ⅵ.

① “你买几条皮带？”“我买两条。”

② “小朋友，你几岁？”“我七岁。”

③ “徐逸住几楼？”“他住二楼。”

④ “你们乘坐的是几次特快列车？”“七十八次。”

Ⅶ.

① 有事就找我吧。

② 你们自己看就明白了。

③ 大家都很熟悉，我就不多说了。

④ 钱不多了的话，我就回去了。

## 第 11 課

Ⅰ.

① 你的书在桌子上呢。

② 书架上有很多中文书。

③ 上边儿的行李里头有什么？

④ 外边儿下着雨呢。
⑤ 旁边儿有人吗?
⑥ 食堂在图书馆前面。

Ⅱ.

① 门口还站着好多人。
② 院子里种着一棵柳树。
③ 昨天晚上来了一个客人。
④ 邻居家死了一条狗。
⑤ 早上又下雨了。
⑥ 去年北方下了几场大雪。

Ⅲ.

① 学校有游泳池。
② “学校里有没有食堂？”“没有。”
③ 外边儿没有人。
④ 前面有一座桥。
⑤ “你有汽车吗？”“有，有一辆旧车。”
⑥ 我没有兄弟姐妹。

Ⅳ.

① 餐车人不多。
② 我父母身体都不太好。
③ 你工作怎么样?

Ⅴ.

① 我和她都是日本人。
② 他先后访问了一百多个国家和地区。

## 第12課

Ⅰ.

① 他来北京找工作。

② 她去西藏旅行了。

③ 他写信告诉她。

④ 他用毛笔写信。

⑤ 你天天陪着我，告诉我那么多故事。

⑥ 战士们围着火堆睡着了。

Ⅱ.

① 我有很多事情要做。

② 我没有茶喝了。

③ 明天有人来找我。

④ 图书馆有很多学生在看书。

⑤ 今年没有机会去中国。

⑥ 我至今没有一次遇到这种情况。

Ⅲ.

① 我请他拿行李。

② 妈妈要我一个人去。

③ 党中央派他去东北了。

④ 全家人都劝我减肥。

⑤ 他爸爸催他早点儿结婚。

⑥ 我们选他当了支部书记。

Ⅳ.

① 你这么做的原因是什么?

② 西瓜怎么切?

③ 你千万别那么说。

④ 你这么看着我干什么？

Ⅴ.

① 星期天晚上家里来了个电话。
② 她二十五岁时开了家火锅店。

## 第 13 課

Ⅰ.

① 我父母都在北京工作。
② “你在哪儿上的车？”“我在东单上的车。”（“东单” は北京の地名）
③ 在十多年前我去过一次中国。
④ 她从武汉来的吗？
⑤ 从昨天起，我就有点儿不舒服。
⑥ 从老人到小孩儿都喜欢来这里。
⑦ 动物园离西直门很近。（“西直门” も北京の地名）
⑧ 我感觉自己离目标越来越近了。
⑨ 离春节只有两个星期了。
⑩ 咱们到火车站坐车吧。
⑪ 从重庆到北京坐飞机要多少钱？
⑫ 图书馆每天从早上八点到晚上十点开门。

Ⅱ.

① 你要跟她结婚吗？
② 我也想跟她认识。
③ 我有一件事想跟你商量。
④ 老师给学生讲《论语》。
⑤ 明天我一定给你打个电话。
⑥ 妈妈给毛毛织了一件毛衣。

## 第14課

Ⅰ.

① 你每天睡午觉吗？
② 下个星期咱们一起去王府井吧。（“王府井”は北京随一の繁華街）
③ “你什么时候毕业的？”“我今年三月毕业的。”
④ 这么厚的书我一天看不完。（“看不完”については『中国語Ⅱ』文法のポイント4.3を参照）

Ⅱ.

① 昨天我就跑了两趟银行，太累了。
② 三年前去上海的时候，她一次就买了五万多元的东西。
③ 才过了五分钟，再等一会儿。（“再”は「さらに」という意味を表す）
④ 我才看了几页，就放下了。
⑤ 我们干一天，才挣到几块钱。
⑥ 才九点钟，他就睡觉了。
⑦ 你只会说大话！
⑧ 日本的城市，她只到过东京和名古屋。
⑨ 九十年代北京只有两条地铁线。
⑩ 这件事只有他一个人知道。

Ⅲ.

① 我们要慎重地处理这一问题。
② 你要好好儿地照顾病人。
③ 他很认真地做着作业。
④ 他抱歉地笑了笑。

Ⅳ.

① 我妹妹二十五岁。
② 现在下午两点一刻。

③ 他已经六年级了。
④ 今天不是星期三。
⑤ 一个人两个啊。
⑥ 你们几位？

Ⅴ.

① 快到十一点了。
② 他们要结婚了。
③ 爸爸后天就出院了。
④ 他快三十岁了。

Ⅵ.

① 有点儿冷，给我一床厚一点儿的被子吧。
② 她以前工作压力很大，现在轻松一点儿了。

## 第 15 課

Ⅰ.

① 咱们先回去吧。
② 我可以进去吗？
③ 一下子跑来了几个孩子。
④ 她从房间里走出去了。
⑤ 那时我父亲也上楼来了。

Ⅱ.

① 孩子们都长大了。
② 我走累了。
③ 她喝完了，我还没喝完。
④ 我还没吃饱呢。
⑤ 这款手机在哪儿能买到？

Ⅲ.

① 我妹妹跑得很慢。

② 她来得很早吗?

③ 他字写得很工整。

④ 他说俄语说得不流利。

⑤ 他油画画得不好。

Ⅳ.

① 你可以把这本杂志拿走。

② 昨天我把月票丢了。

③ 姐姐把头发剪短了。

④ 老师把下课的时间拖延了一刻钟。

⑤ 这次我没把菜烧糊。(“烧菜”は離合動詞)

# 語彙索引

※数字は本文の頁／行，または頁／「学習のテーマ」・「読解のヒント」番号(T. は「学習のテーマ」の，また H. は「読解のヒント」の番号をそれぞれ表す)。なお，「学習のテーマ」または「読解のヒント」で取り上げた語彙については，該当箇所の頁数等をゴチックで示し，本文の初出箇所もあわせて示す。

● D

● E



● F



● G

## ● H

**● J**

## ● K

## ● Y

## ● Z

# 添付CDについて

このCDには，各課のスキット（ネイティブスピーカーによるややゆっくり目の朗読）と「学習のテーマ」「読解のヒント」中の例文を収めた。

放送番組中のスキットにおけるナチュラルスピードの会話を聞き取ることは決して容易ではないだろう。皆さんには，まず収録されているネイティブスピーカーの朗読を，印刷教材のピンインと見比べながら注意深く聴いていただきたい。この作業を通じて，中国語のどのような音がどのアルファベットで転写されているか，またどのアルファベットがどのような音を表しているかを観察していただきたいのである。その次は，今度は自分の口を動かしてみよう。一文ずつ，ピンインを見ながらネイティブスピーカーの後について発音してみてもいいし，逆に，自分で発音してみてからネイティブスピーカーの朗読を聴いてもいい。両者を組み合わせてみてはいかがだろうか。

語学の学習は発音・語彙・文法という三つの側面がバランスの取れた形でなされるのが理想的であろうが，このCDはそのうちの発音面での不足を補うのに大いに有効であると考える。日々の予習・復習にぜひ役立てていただきたい。

中国語の学習は，まずはピンインを正確に読めることから始まる。このCDがその一助となることを願ってやまない。

## トラック一覧

| トラック | 内　容 | トラック | 内　容 |
|---|---|---|---|
| | 第一部　発音編 | 50 | 学習のテーマ 7.4 |
| 1 | 声調　四声 | 51 | 学習のテーマ 7.5 |
| 2 | 声調　軽声の発音 | 52 | 学習のテーマ 7.6 |
| 3 | 母音　短母音 | 53 | 学習のテーマ 7.7 |
| 4 | 母音　二重母音 | 54 | 読解のヒント 7.1　7.2　7.3 |
| 5 | 母音　三重母音 | 55 | 第 8 課本文 |
| 6 | 母音　鼻音を伴う母音 | 56 | 学習のテーマ 8.1 |
| 7 | 子音　唇を使う音 | 57 | 学習のテーマ 8.2 |
| 8 | 子音　舌先を使う音 | 58 | 学習のテーマ 8.3 |
| 9 | 子音　舌のつけ根を持ち上げる音 | 59 | 学習のテーマ 8.4 |
| 10 | 子音　舌面を使う音 | 60 | 第 9 課本文 |
| 11 | 子音　舌と歯を使う音 | 61 | 学習のテーマ 9.1 |
| 12 | 子音　舌をそり上げる音 | 62 | 学習のテーマ 9.2 |
| 13 | 変調　第 3 声の変調 | 63 | 学習のテーマ 9.3 |
| 14 | 変調 “ 不 ” の変調 | 64 | 学習のテーマ 9.4 |
| 15 | 変調 “ 一 ”yi の変調 | 65 | 読解のヒント 9.1　9.2 |
| 16 | r 化の発音 | 66 | 第 10 課本文 |
| | 第二部　本文編 | 67 | 学習のテーマ 10.1 |
| 17 | 第 1 課本文 | 68 | 学習のテーマ 10.2 |
| 18 | 第 2 課本文 | 69 | 学習のテーマ 10.3 |
| 19 | 学習のテーマ 2.3 | 70 | 学習のテーマ 10.4 |
| 20 | 学習のテーマ 2.4 | 71 | 学習のテーマ 10.5 |
| 21 | 学習のテーマ 2.5 | 72 | 読解のヒント 10.1　10.2 |
| 22 | 姓名の表現 | 73 | 第 11 課本文 |
| 23 | 第 3 課本文 | 74 | 学習のテーマ 11.1 |
| 24 | 学習のテーマ 3.2 | 75 | 学習のテーマ 11.2 |
| 25 | 学習のテーマ 3.3 | 76 | 学習のテーマ 11.3 |
| 26 | 読解のヒント 3.1 | 77 | 学習のテーマ 11.4 |
| 27 | 第 4 課本文 | 78 | 読解のヒント 11.1　11.2 |
| 28 | 学習のテーマ 4.2 | 79 | 第 12 課本文 |
| 29 | 学習のテーマ 4.3 | 80 | 学習のテーマ 12.1 |
| 30 | 学習のテーマ 4.4 | 81 | 学習のテーマ 12.2 |
| 31 | 読解のヒント 4.1　4.2 | 82 | 学習のテーマ 12.3 |
| 32 | 数の表現 | 83 | 学習のテーマ 12.4 |
| 33 | 第 5 課本文 | 84 | 読解のヒント 12.1 |
| 34 | 学習のテーマ 5.3 | 85 | 第 13 課本文 |
| 35 | 学習のテーマ 5.4 | 86 | 学習のテーマ 13.1 |
| 36 | 学習のテーマ 5.5 | 87 | 学習のテーマ 13.2 |
| 37 | 学習のテーマ 5.6 | 88 | 読解のヒント 13.1 |
| 38 | 第 6 課本文 | 89 | 第 14 課本文 |
| 39 | 学習のテーマ 6.1 | 90 | 学習のテーマ 14.1 |
| 40 | 学習のテーマ 6.2 | 91 | 学習のテーマ 14.2 |
| 41 | 学習のテーマ 6.3 | 92 | 学習のテーマ 14.3 |
| 42 | 学習のテーマ 6.4 | 93 | 学習のテーマ 14.4 |
| 43 | 学習のテーマ 6.5 | 94 | 読解のヒント 14.1　14.2 |
| 44 | 学習のテーマ 6.6 | 95 | 第 15 課本文 |
| 45 | 読解のヒント 6.1　6.2 | 96 | 学習のテーマ 15.1　15.2 |
| 46 | 第 7 課本文 | 97 | 学習のテーマ 15.3 |
| 47 | 学習のテーマ 7.1 | 98 | 学習のテーマ 15.4 |
| 48 | 学習のテーマ 7.2 | 99 | 読解のヒント 15.1 |
| 49 | 学習のテーマ 7.3 | | |

# 分担執筆者紹介

## 盧　建（ロ　ケン）

1971年　中国北京市に生まれる
2007年　東京大学大学院総合文化研究科博士課程修了
現在　名古屋大学教養教育院特任准教授
専攻　中国語学
主な著書　読んで覚える中国語単語（共著　白水社）
現代汉语双及物结构式研究（北京，商务印书馆）

# 編著者紹介

## 宮本　徹（みやもと・とおる）

1970年　京都市に生まれる
2001年　東京大学大学院人文社会系研究科博士課程単位取得退学
現在　放送大学准教授
専攻　中国語学
主な著書　アジアと漢字文化（共著　放送大学教育振興会）
ことばとメディア―情報伝達の系譜―（共著　放送大学教育振興会）
漢文の読み方―原典解読の基礎―（共著　放送大学教育振興会）

放送大学教材　1460030-1-2311（テレビ）

# 中国語Ⅰ（'23）
## —夏日漫歩東京—

発　行　　2023年3月20日　第1刷
編著者　　宮本　徹
発行所　　一般財団法人　放送大学教育振興会
〒105-0001　東京都港区虎ノ門1-14-1　郵政福祉琴平ビル
電話　03（3502）2750

市販用は放送大学教材と同じ内容です。定価はカバーに表示してあります。
落丁本・乱丁本はお取り替えいたします。

Printed in Japan　ISBN978-4-595-32425-3　C1387

## 『中国語Ⅰ（'23）』添付CD

**〈CDの利用について〉**

・このCDは，CDプレーヤー・パソコン等でご利用ください。
・このCDを，権利者の許諾なく，個人的な範囲を超える使用目的で複製すること，ネットワーク等を通じて，このCDに収録された音を送信できる状態にすることを禁じます。

※収録されている例文は，CDの規格上の制限から，各課の「読解のヒント」をそれぞれまとめて一つのトラック上に配置しています（例えば，読解のヒント4.1と4.2は同じ第31トラックに配置する等。なお，「学習のテーマ」の各項目は原則として独立したトラックに配置しています）。この点，ご了承ください。

**発　　行**　一般財団法人　放送大学教育振興会
**企画・制作**　放送大学学園
**出　　演**　宮本　徹
盧　建

このCDは，放送大学学園の放送教材の内容をもとに編集・制作されました。

# 現代中国語音節表①（非 r 化音節）

現代中国語に存在する音節（声母・韻母の組み合わせ）のうち，r 化を生じていない音節（非 r 化音節）は以下の通りである（いま，声調による区別はこれを除く）。
なお［ ］は音価，/ /は音韻論的解釈を表す（共に平山久雄「北京語音韻論に関する二三の問題　特に主母音と r 化について」，言語研究 35，1959 年を基に作成したが，一部表記を改めたところがある）。

| 主母音 | | | /a/ | | | | | | | | | | | | | | /ɤ/ | | | | | | | | | | | | | | /e/ | | /ɨ/ | | | |
|---|---|---|---|---|---|---|---|---|---|---|---|---|---|---|---|---|---|---|---|---|---|---|---|---|---|---|---|---|---|---|---|---|---|---|---|---|
| 介音 | | | /-ø-/ | | | | | /-j-/ | | | | /-w-/ | | | | /-j͡w-/ | /-ø-/ | | | | | /-j-/ | | | /-w-/ | | | | /-j͡w-/ | | /-j-/ | /-j͡w-/ | /-ø-/ | /-j-/ | /-w-/ | /-j͡w-/ |
| ピンイン | | | a | ai | ao | an | ang | ia | iao | ian | iang | ua | uai | uan | uang | üan | e | ei | ou | en | eng | iou,iu | in | ing | uo,o | uei,ui | uen,un | ueng,ong | ün | üeng,iong | ie | üe | -i | i | u | ü |
| 音韻地位 | | | /a·/ | /aj/ | /aw/ | /an/ | /aŋ/ | /ja·/ | /jaw/ | /jan/ | /jaŋ/ | /wa·/ | /waj/ | /wan/ | /waŋ/ | /j͡wan/ | /ɤ·/ | /ɤj/ | /ɤw/ | /ɤn/ | /ɤŋ/ | /jɤw/ | /jɤn/ | /jɤŋ/ | /wɤ·/ | /wɤj/ | /wɤn/ | /wɤŋ/ | /j͡wɤn/ | /j͡wɤŋ/ | /je·/ | /j͡we·/ | /ɨ·/ | /jɨ·/ | /wɨ·/ | /j͡wɨ·/ |
| 音価 | | | [ɑ̟ː] | [aĭ] | [aŏ] | [an] | [ɑŋ] | [ia˙] | [iaŏ] | [iɛn] | [iaŋ] | [ŭɑ˙] | [uaĭ] | [ŭan] | [ŭɑŋ] | [yɐn] | [ɤː] | [eɪ] | [oʊ] | [ən] | [ɤŋ] | [iᴼʊ] | [in] | [ɪŋ] | [ŭo˙,oː] | [uᵊɪ] | [uᵊn] | [uɤŋ,ʊŋ] | [yᵊn] | [ʏᴼŋ] | [ie˙] | [yɛ˙] | [ɿ,ʅ] | [iː] | [uː] | [yː] |
| b | /b/ | [p] | ba | bai | bao | ban | bang | | biao | bian | | | | | | | | bei | | ben | beng | | bin | bing | bo | | | | | | bie | | | bi | bu | |
| p | /p/ | [p‘] | pa | pai | pao | pan | pang | | piao | pian | | | | | | | | pei | pou | pen | peng | | pin | ping | po | | | | | | pie | | | pi | pu | |
| m | /m/ | [m] | ma<br>(me) | mai | mao | man | mang | | miao | mian | | | | | | | | mei | mou | men | meng | miu | min | ming | mo | | | | | | mie | | | mi | mu | |
| f | /f/ | [f] | fa | | | fan | fang | | | | | | | | | | | fei | fou | fen | feng | | | | fo | | | | | | | | | | fu | |
| d | /d/ | [t] | da | dai | dao | dan | dang | (dia) | diao | dian | | | | duan | | | de | dei | dou | den | deng | diu | | ding | duo | dui | dun | dong | | | die | | | di | du | |
| t | /t/ | [t‘] | ta | tai | tao | tan | tang | | tiao | tian | | | | tuan | | | te | (tei) | tou | | teng | | | ting | tuo | tui | tun | tong | | | tie | | | ti | tu | |
| n | /n/ | [n] | na<br>(ne) | nai | nao | nan | nang | | niao | nian | niang | | | nuan | | | ne | nei | nou | nen | neng | niu | nin | ning | nuo | | | nong | | | nie | nüe | | ni | nu | nü |
| l | /l/ | [l] | la | lai | lao | lan | lang | lia | liao | lian | liang | | | luan | | | le | lei | lou | | leng | liu | lin | ling | luo | | lun | long | | | lie | lüe | | li | lu | lü |
| g | /g/ | [k] | ga | gai | gao | gan | gang | | | | | gua | guai | guan | guang | | ge | gei | gou | gen | geng | | | | guo | gui | gun | gong | | | | | | | gu | |
| k | /k/ | [k‘] | ka | kai | kao | kan | kang | | | | | kua | kuai | kuan | kuang | | ke | kei | kou | ken | keng | | | | kuo | kui | kun | kong | | | | | | | ku | |
| h | /h/ | [x] | ha | hai | hao | han | hang | | | | | hua | huai | huan | huang | | he | hei | hou | hen | heng | | | | huo | hui | hun | hong | | | | | | | hu | |
| | /’/ | [’] | a | ai | ao | an | ang | ya | yao | yan | yang | wa | wai | wan | wang | yuan | e | (ei) | ou | en | eng | you | yin | ying | wo | wei | wen | weng | yun | yong | ye | yue | | yi | wu | yu |
| z,j | /z/ | [ts,tɕ] | za | zai | zao | zan | zang | jia | jiao | jian | jiang | | | zuan | | juan | ze | zei | zou | zen | zeng | jiu | jin | jing | zuo | zui | zun | zong | jun | jiong | jie | jue | zi | ji | zu | ju |
| c,q | /c/ | [ts‘,tɕ‘] | ca | cai | cao | can | cang | qia | qiao | qian | qiang | | | cuan | | quan | ce | (cei) | cou | cen | ceng | qiu | qin | qing | cuo | cui | cun | cong | qun | qiong | qie | que | ci | qi | cu | qu |
| s,x | /s/ | [s,ɕ] | sa | sai | sao | san | sang | xia | xiao | xian | xiang | | | suan | | xuan | se | | sou | sen | seng | xiu | xin | xing | suo | sui | sun | song | xun | xiong | xie | xue | si | xi | su | xu |
| zh | /ž/ | [tʂ] | zha | zhai | zhao | zhan | zhang | | | | | zhua | zhuai | zhuan | zhuang | | zhe | zhei | zhou | zhen | zheng | | | | zhuo | zhui | zhun | zhong | | | | | zhi | | zhu | |
| ch | /č/ | [tʂ‘] | cha | chai | chao | chan | chang | | | | | (chua) | chuai | chuan | chuang | | che | | chou | chen | cheng | | | | chuo | chui | chun | chong | | | | | chi | | chu | |
| sh | /š/ | [ʂ] | sha | shai | shao | shan | shang | | | | | shua | shuai | shuan | shuang | | she | shei | shou | shen | sheng | | | | shuo | shui | shun | | | | | | shi | | shu | |
| r | /r/ | [ʐ] | | | rao | ran | rang | | | | | rua | | ruan | | | re | | rou | ren | reng | | | | ruo | rui | run | rong | | | | | ri | | ru | |

# 現代中国語音節表②（r 化音節）

現代中国語に存在する r 化音節は以下の通りである（いま，声調による区別はこれを除く）。なお，[　]は音価，/　/は音韻論的解釈を表す（共に平山前掲論文に基づく。ただし，一部表記を改めたところがある。また，音節の認定は，賈采珠『北京話児化詞典』，語文出版社，北京，1990 年による）。なお，網掛けをした -ar, -iar, -uar は，それぞれの右隣の音節（-air･-anr, -ianr, -uair･-uanr）に合流することがある。また「ir①」は zir, zhir 等の -ir を，また「ir②」は bir, dir, jir 等の -ir を表す。

| 主母音 | /a/ | | | | | | | | | | | | /ɤ/ | | | | | | | | | | | | | | | /ɨ/ |
|---|---|---|---|---|---|---|---|---|---|---|---|---|---|---|---|---|---|---|---|---|---|---|---|---|---|---|---|
| 介音 | /-ø-/ | | | | /-j-/ | | | | /-w-/ | | | /-j͡w-/ | /-ø-/ | | | | /-j-/ | | | | /-w-/ | | | /-j͡w-/ | | | /-w-/ |
| ピンイン | ar | air<br>anr | aor | angr | iar | ianr | iaor | iangr | uar | uair<br>uanr | uangr | üanr | er | eir<br>enr<br>ir① | our | engr | ier | inr<br>ir② | iour,iur | ingr | uor,or | ueir,uir<br>uenr,unr | uengr,ongr | üer | ünr<br>ür | üengr,iongr | ur |
| 音韻地位 | /a·͡r/ | /aj͡r/ | /aw͡r/ | /aŋ͡r/ | /ja·͡r/ | /jaj͡r/ | /jaw͡r/ | /jaŋ͡r/ | /wa·͡r/ | /waj͡r/ | /waŋ͡r/ | /j͡wajr/ | /ɤ·͡r/ | /ɤj͡r/ | /ɤw͡r/ | /ɤŋ͡r/ | /jɤ·͡r/ | /jɤj͡r/ | /jɤw͡r/ | /jɤŋ͡r/ | /wɤ·͡r/ | /wɤj͡r/ | /wɤŋ͡r/ | /j͡wɤ·r/ | /j͡wɤjr/ | /j͡wɤŋr/ | /wɨ·r/ |
| 音価 | [ɑ̟·ɹ] | [ɐɹ] | [ɑŏɹ] | [ɐ̃ɹ] | [ia̠·ɹ] | [iɐ̟ɹ] | [iaŏɹ] | [iɐ̃ɹ] | [ŭɑ·ɹ] | [ŭɐɹ] | [ŭɐ̃ɹ] | [yɐɹ] | [ɤ̟·ɹ] | [əɹ] | [oʊɹ] | [ə̃ɹ] | [iə̠·ɹ] | [ɪəɹ] | [iᵒʊɹ] | [ɪə̃ɹ] | [ŭo̟·ɹ] | [uəɹ] | [ʊõɹ] | [ʏɵ·ɹ] | [ʏəɹ] | [ʏõɹ] | [u·ɹ] |
| b /b/ [p] | bar | bair,banr | baor | bangr | | bianr | biaor | | | | | | | beir,benr | | bengr | bier | bir | | bingr | bor | | | | | | bur |
| p /p/ [pʻ] | par | pair,panr | paor | pangr | | pianr | piaor | | | | | | | peir,penr | | pengr | pier | pir | | pingr | por | | | | | | pur |
| m /m/ [m] | mar | mair,manr | maor | mangr | | mianr | miaor | | | | | | | meir,menr | | mengr | mier | mir | | mingr | mor | | | | | | mur |
| f /f/ [f] | far | fanr | | fangr | | | | | | | | | | feir,fenr | | fengr | | | | | for | | | | | | fur |
| d /d/ [t] | dar | dair,danr | daor | dangr | | dianr | diaor | (*diangr*) | | duanr | | | der | (deir) | dour | dengr | dier | dir | diur | dingr | duor | duir,dunr | dongr | | | | dur |
| t /t/ [tʻ] | tar | tair,tanr | taor | tangr | | tianr | tiaor | | | tuanr | | | ter | teir | tour | tengr | tier | tir | | tingr | tuor | tuir,tunr | tongr | | | | tur |
| n /n/ [n] | nar | nair | naor | nangr | | nianr | niaor | niangr | | nuanr | | | | | nour | nengr | nier | nir | niur | ningr | nuor | | nongr | | nür | | nur |
| l /l/ [l] | lar | lanr | laor | langr | | lianr | liaor | liangr | | luanr | | (*lüànr*) | ler | leir | lour | lengr | lier | linr,lir | liur | lingr | luor | lunr | longr | | lür | | lur |
| g /g/ [k] | gar | gair,ganr | gaor | gangr | | | | | guar | guair,guanr | guangr | | ger | genr | gour | gengr | | | | | guor | guir,gunr | gongr | | | | gur |
| k /k/ [kʻ] | kar | kair,kanr | kaor | kangr | | | | | | kuair,kuanr | kuangr | | ker | | kour | kengr | | | | | | kuir,kunr | kongr | | | | kur |
| h /h/ [x] | har | hair,hanr | haor | hangr | | | | | huar | huair,huanr | huangr | | her | heir,henr | hour | hengr | | | | | huor | huir,hunr | hongr | | | | hur |
| /'/ ['] | | air,anr | aor | | yar | yanr | yaor | yangr | war | wair,wanr | wangr | yuanr | er | | our | | yer | yinr,yir | your | yingr | wor | weir,wenr | wengr | yuer | yunr,yur | yongr | wur |
| z,j /z/ [ts,tɕ] | zar | zair,zanr | zaor | zangr | jiar | jianr | jiaor | jiangr | | zuanr | | juanr | zer | zeir,zir | zour | zengr | jier | jinr,jir | jiur | jingr | zuor | zuir | zongr | juer | jur | | zur |
| c,q /c/ [tsʻ,tɕʻ] | car | cair,canr | caor | cangr | qiar | qianr | qiaor | qiangr | | cuanr | | quanr | cer | cir | cour | cengr | qier | qinr,qir | qiur | qingr | cuor | cunr | congr | quer | qunr,qur | qiongr | cur |
| s,x /s/ [s,ɕ] | | sair,sanr | saor | sangr | xiar | xianr | xiaor | xiangr | | suanr | | xuanr | | sir | sour | | xier | xinr,xir | xiur | xingr | suor | suir,sunr | songr | xuer | xur | xiongr | sur |
| zh /ž/ [tʂ] | zhar | zhair,zhanr | zhaor | zhangr | | | | | zhuar | zhuair,zhuanr | zhuangr | | zher | zhenr,zhir | zhour | zhengr | | | | | zhuor | zhuir,zhunr | zhongr | | | | zhur |
| ch /č/ [tʂʻ] | char | chair,chanr | chaor | changr | | | | | | chuanr | chuangr | | cher | chenr,chir | chour | chengr | | | | | chuor | chuir,chunr | chongr | | | | chur |
| sh /š/ [ʂ] | shar | shair,shanr | shaor | shangr | | | | | shuar | shuair,shuanr | shuangr | | sher | shenr,shir | shour | shengr | | | | | shuor | shuir,shunr | | | | | shur |
| r /r/ [ʐ] | | ranr | raor | rangr | | | | | | ruanr | | | rer | renr,rir | rour | rengr | | | | | | ruir | rongr | | | | rur |